菜篮子革命

从共同购买到合作找幸福

台湾主妇联盟生活消费合作社 著

三联书店

Simplified Chinese Copyright © 2017 by SDX Joint Publishing Company.
All Rights Reserved.
本作品简体中文版权由生活·读书·新知三联书店所有。
未经许可，不得翻印。

本书由广场文化（远足文化事业股份有限公司）正式授权

图书在版编目（CIP）数据

菜篮子革命：从共同购买到合作找幸福／台湾主妇联盟生活消费合作社著．—北京：生活·读书·新知三联书店，2017.9
ISBN 978-7-108-05719-8

Ⅰ.①菜⋯　Ⅱ.①台⋯　Ⅲ.①合作经济-介绍-台湾省　Ⅳ.① F127.58

中国版本图书馆 CIP 数据核字（2016）第 118340 号

责任编辑	邵慧敏　王海燕
装帧设计	刘　洋
责任校对	常高峰
责任印制	宋　家
出版发行	生活·讀書·新知三联书店
	（北京市东城区美术馆东街 22 号 100010）
网　　址	www.sdxjpc.com
经　　销	新华书店
图　　字	01-2017-4717
印　　刷	北京隆昌伟业印刷有限公司
版　　次	2017 年 9 月北京第 1 版
	2017 年 9 月北京第 1 次印刷
开　　本	850 毫米 × 1168 毫米　1/32　印张 8.625
字　　数	176 千字
印　　数	0,001-8,000 册
定　　价	39.00 元

（印装查询：01064002715；邮购查询：01084010542）

目 录

推荐语 / 1
序言一　我们的世界正在起变化　温铁军 / 1
序言二　革贪婪的命　善待人的心　胡海卿 / 13
序言三　美好的共同购买运动　宗馥莉 / 18

历史篇

餐桌上响起的革命号角…… / 1
共同购买，一场温柔而坚定的生活消费革命 / 2
　　从环保生活到合作经济：共同购买发展三阶段 / 25
　　产品自主管理，对生产流程的掌握和了解 / 29

产品篇

碗中的未来…… / 31
天天想米，好好吃饭 / 32
　　富里赖兆炫："米乐无为"，有机即生机 / 40
　　三星陈文连：水稻与鸭子共栖生产 / 42
　　富里宋鸿琳：实惠无毒的良质米 / 44
买一篮有感情的菜 / 45
吃猪这门课 / 55

蛋事不简单，迈向人道饲养 / 68
第一块非转基因豆腐的故事 / 78
溯源而上的公平贸易之路 / 88
清洁大小事，看见女力和绿力 / 97
　　消费者所不知道的市售清洁品 / 109

班站篇

共好的生活与可能…… / 111
开兰第一班：宜兰冬山班 / 112
顶真相待：桃园杨梅班 / 121
生活与学习的好地方：台北天母站 / 129
本地生活的力量：台北奇岩站 / 136
美好的出发：台北公馆站 / 143
实践理想生活：新竹三叶站 / 151
与社区一起脉动：台中后庄站 / 159
主动出击：台南新营站 / 165

议题篇

集结消费力，发挥社会力…… / 173

把能量还给蔬菜

　　——逆风而行的减硝酸盐运动 / 174

硝酸盐小故事 / 182

硝酸盐安全摄取量看这里 / 185

这些年，我们一起管的食品安全

　　——从美牛瘦肉精到油品风暴 / 186

我是人，我拒吃饲料级黄豆

　　——反转基因运动 / 197

粮食中兴，掌握粮食主权

　　——自己的小麦自己种 / 210

捍卫土地正义，主妇入阵去

　　——湾宝农地保卫战 / 218

愿景篇

用消费改变世界…… / 231

用消费改变世界

　　——从共同购买到合作找幸福 / 232

合作社的价值与原则 / 242

后　记 / 244

推 荐 语

2015年10月1日，新修订的《中华人民共和国食品安全法》正式实施，它明确建立了最严格的全过程的监管制度，更加突出以预防为主，倡导实行食品安全社会共治，以充分发挥广大消费者在食品安全治理中的作用。台湾主妇联盟生活消费合作社如何理性地解决食品安全、环境保护问题，以及如何在消费者与食品企业之间建立协商机制、信任机制、冲突解决机制的经验，有助于快速推广"食品安全、社会共治"这一理念。让我们来共同购买、共同学习！

——北京师范大学中国公益研究院院长 王振耀

台湾主妇联盟生活消费合作社从消费者主体出发，把消费者团结起来，号召大家从我做起，改变食品安全的现状。此书为中国大陆的食品安全问题的解决，提供了一个切实可行的参考方案。

——南都公益基金会理事长 徐永光

这是从一群妈妈开始的生活消费革命，她们从一包米、一篮菜、一卷卫生纸……开始，发起共同购买运动，用集结的消费力改造社会，用合作的力量改变世界。让我们大家一起努力，学习这群主妇妈妈们的成功经验，来实现餐桌上食物安全的美好愿望，找寻属于大家的共同绿色未来。

——华民慈善基金会总裁助理　易思来

主妇们的购买力量可以改变社会现状——台湾主妇联盟的成功经验说明：在这个社会里，我们需要做的事情、可以做的事情其实很多很多。

——本来生活网创始人　喻华峰

20多年前，一群对食品安全问题忧心忡忡的主妇联盟妈妈激荡出共同购买的理念，她们毅然离开会议室，先从菜园、果园、水稻田开始，再扩及鱼塘、牧场、食品加工厂……向农友和生产者们传授有机栽培、有机生产的理念和方法，与之建立互信和密切的互动关系，以获得安全产品。

这期间，在各位学者专家们的协助下，她们建立了简单必要的分析实验室，给合作社社员们提供品质可靠的产品。我们能够安心地享用安全的食物，要感谢各位创始和坚持理念的妈妈们、工作伙伴们以及在背后支持的无名氏们！

——台湾大学园艺系名誉教授　郑正勇

唯有个别消费者意识的转变,进而带动整体生活方式的改变,我们的环境才有一线生机。

20多年的岁月转眼即逝,台湾主妇联盟的这群女性在家庭与社会的种种限制与夹缝中,在台湾各地建立起一处处实践绿色生活的合作基地,也活出了一则又一则现代女性温柔而坚定的生命故事。

——台湾谷东俱乐部发起人　赖青松

序言一　我们的世界正在起变化

温铁军（中国人民大学教授）

中国台湾主妇联盟生活消费合作社的书《菜篮子革命：从共同购买到合作找幸福》要在大陆出版了。主持此书出版的人要我写序，对此，我无论多忙都不敢拒绝。因为，大凡是中国男人，都知道自己的大脑是被肠胃决定的，都心服口服地承认妻子是家里的"一把手"。我在家也从来不敢忽略家庭主妇的要求。何况，台湾主妇联盟的参与者是一群推进市民与农民有机融合这个大事业的了不起的"一把手"。如果天下的主妇们都愿意阅读这些文字，食品安全的"社会化"解困就不难推动！

我们这个社会需要自觉性

这本书中有很多可取的经验，但我认为最应该借鉴的，是主妇联盟在形成维护消费者权益的社会组织中所体现出的自觉性。其实，食品安全问题虽然越来越多，但再多也只是满地碎玻璃中的一片，折射出的只不过是我们这个社会因"碎片化"[1]

---

[1] "碎片化"是清华大学社会学系孙立平教授提出的概念，指出社会混乱无序的根源，在于"去组织化"改革之后难以重整的社会现象。

而难以靠每个分散个体在教训中的自发反思，形成改造自我、推动社会进步的"自觉性"。诚然，这就格外有利于这个"资本通吃"的世界——越是分散，就越是没有谈判地位；少数人占有收益越大，多数人承担的代价也越大！

是的，我们这些分散个体都被赋予了一个现代商业社会的共同身份——消费者，甚至被说成"上帝"。在西方意识形态造成的舆论影响下，我们遇到任何问题时都习惯性地批评社会。不过，跟着现代化消费主义大潮用工业化改造传统农业，就无可避免地会连带造成食品质量不安全问题。在这个阶段中的我们，只要仍然不自觉地维持着分散的个体的无组织状态，就会在广告媒体替商家吹捧的"消费者是上帝"的鼓噪声中沦为商品世界的奴仆。

客观地看，当今世界正在不断出现的食品安全问题，主要产生于被主流意识形态掌控而难以使人提高自觉性的三个现代化大趋势：一是与我们笃信的工业改造农业、加快推进农业产业化有关——食品生产为了"物美价廉"而大量使用工业品；二是与人类自我拔高为最高级的物种所追求的科技改造大自然有关——这些投放于食物中的工业品，本来就是用我们纳税的钱来资助的各种"科学技术成果"，其投放于食物生产的安全性及合法性，也都是经过专家们进行了无害评估且得到法律保护的；三是与市场经济改造传统社会、加快融入全球化有关——这种市场化趋势虽然已经引起我们质疑，但大多数人仍然不明就里。

需要站在客观立场来说明的是，这三个趋势仍然都有促进人类增加物质财富的作用。但，这些已经被社会主流大量推介过了，我只不过对不被推介的情况做个非主流的归纳而已。

例如，一度导致河北某企业经理人被捕的"三聚氰胺奶粉事件"，其本源却是"对外开放先行区"那些从来不投资草原建设的南方私企得到了使用廉价进口奶粉冲兑出的液体可以用"液态奶"名义进入市场的权利，这个少数商人获利却戕害多少孩子一生的事件，还不仅是打垮了内地奶业，造成奶农破产、企业亏损，而且造成内地人涌入香港地区抢购奶粉和其他社会冲突事件……又如，曾经闹得沸沸扬扬的"地沟油"事件，随后却很快不了了之，这并非政府压制媒体不让曝光，而是要部分地归因于被媒体请来的专家检测其理化指标与正常食用油无异。于是，人们似乎忘了曾经义愤填膺，本来就半公开地存在于城乡接合部的"地沟油"事业，也许就此有了伴随加快城市化而继续发展成为一个产业的条件？再如，一些食品安全事件，只是震惊了一些小开糜集、叽叽喳喳的地方而成为另外一个新闻"易碎品"[1]……

渐渐地，这些事件更多转化成街谈巷议的八卦狗血故事，很快悄然飘过，人们竟然达到了"见怪不怪，其怪自败"的道家境界。

类似的事情发生后，官方一般的说法只是顺着主流观点，无外乎是各种几乎相当于无稽之谈的理论解释和柔弱无力的加

---

[1] "易碎品"是当代新闻研究提出的一个概念，指现代社会快节奏生活中任何新闻都如砸坏一个易碎品那样只不过引起人们短促关注。

强管控；而舆论界也只会娇喘微微般地跟着说些政府应该加强法制处理、部门应该加强市场管理之类的废话……很少有人强调怎样发动群众形成组织才能监督担责，怎样依靠社会力量才能有效改善食品安全状况。

要让这些散乱的社会个体组织起来维护基本权益，我们就得自觉地反思人称之为人的主观能动性为何丧失殆尽，就得尽可能多地找到像台湾主妇联盟这种有效提高分散个体的谈判地位的积极案例……

正是因此，我们才需要借鉴这本书介绍的台湾主妇联盟的发展运作的具体经验，学习其中体现的社会组织发展从自发走向自觉的理性意义。

做事得靠大家来

20多年前，中国台湾地区的食品安全问题也很严重，一群对家庭安全尽责的主妇从解决自己家庭的食物安全消费的实际问题出发，通过自觉承担较高价格的共同购买、"产地之旅"之类的实地考察，辨别农场的原料、投入品并查看生产过程，提高食品信息的真实性，来确保食品安全。接着，越来越多的主妇们想一起来买好东西，一起来找到好的生产者，就此缔造了台湾共同购买运动。

不过，这种由主妇们组织发起的社会运动并不鲜见，只是当今世界上典型的消费者运动的中国台湾版。

自20世纪80年代以来，一方面是激进现代化大潮中最极端的新自由主义思潮伴随着金融资本虚拟化扩张，在扫荡全球的同时不断积聚风险，引发经济危机和区域性冲突，诱发战争以及越来越严重的环境破坏和人道主义灾难，这个激进的资本主义主流已经闹得有人担心末日降临；另一方面，进步群体正在世界上推动一系列非主流的重要变化——与批评现代性的理论创新同步生成的社会自组织运动。其中，与中国台湾主妇联盟这种消费者运动同期的，还有欧洲和美洲中产阶级为主导的公平贸易运动。随之演化出来的，还有意大利人强调传统饮食文化的"慢食"运动和强调传统社会生活的"慢城"和"慢生活"运动。近年来，随着社会大众对气候变化的广泛讨论，欧美又兴起了市民群体自觉计算本地"食物足迹"和"生态足迹"的新趋势——"转型城镇"，在这个社会各界广泛参与的运动中，人们可以使用不生出利润的"另类货币"作为内部交易的一般等价物。

即使在资源充足、资本雄厚、消费主义盛行的美国，也有推动绿色食品消费和绿色经济的社会组织。最早的绿色食品消费是以布波族（Bobos）为主体的，那是布尔乔亚（Bourgeois）和波希米亚（Bohemia）的缩写组合词，有一本书《天堂中的布波族》对此有表述。布尔乔亚作为中产阶级本来是现代消费主义的主力，这和波希米亚简约生活的文化是两种完全不同性质，甚至相互冲突的社会因素。但在美国，中产阶级中的很多人却由于是20世纪60年代左翼的反战运动和民权运动的参与者，80年代成为中产阶级之后仍然具有一定程度的批判自觉性，其嬉皮精神与雅皮身份历史性地混合在一起，构成了一个看似自相矛盾的布波族。美国布波族之所以能够引领当代的绿色消费运动，在于同时拥有20世纪70年代被视为波西米亚人的嬉皮及20世纪80年代被视为布尔乔亚的雅皮特质。他们既讲究物质层面的精致化享乐（讲究所谓的"质感"），又标榜生活方式的自由不羁和浪漫主义风格。如果说20世纪他们的绿色消费还是"小众"运动，那么，到了IT泡沫崩溃和金融危机在美国这个资本主义核心区爆发的21世纪，美国发生了代表99%人口占领华尔街的激进对抗之后，具有建设性的"新经济"运动和社区复兴，就是各界民众自觉参与的"大众"运动了！

很多人都知道我们这十几年来正在全国开展城乡融合的"新乡村建设"运动，其内容是开展社会动员、推进生态环保的绿色经济。在2003年农村推行合作社试验形成的建议被全国人民代表大会2007年立法之后，我们却发现只是帮助农民组织起来恢复有机农业生产，而没有市民的消费者组织与之对应来支付给农民合理的收益，那么，仍然是生产者和消费者两头"信息不对称"，农民的利润很容易被弱肉强食的商业竞争占有。于是，我们这个本来在农村开展起来的乡村建设，就与时俱进地转型为推进城乡融合的"公平贸易"试验。

合作社试验之初也很困难。我们在农村帮助农民合作社成立联合组织，试图提高集体谈判地位；在城市社区搞过有机农产品价格听证会，请农民和市民都坐在高校的会议室里互相交流、介绍情况；还在城里开绿色食品专卖店，同时帮助市民消费者提高组织化程度……但，这些项目没有取得预期的成效。2008年我们开始与北京海淀区苏家坨镇政府合作搞了小毛驴市民农园，国仁城乡（北京）科技发展中心主办，培训了很多热心社会化农业的青年人。2009年借鉴国内外CSA（社区支持农业）经验，努力发展市民参与劳动、形成社会化信用的PGS（参与式保障体系）。此后又发展出来"分享收获""好农场"等多家单位。在多年积累形成的生态农业与城乡公益网络基础上，我们团队整合推出创新性探索，通过建立一套可持续的农业生产和生活模式，倡导并实践"发展生态农业、支持健康消费、促进城乡互助"的行动理念，推动食品安全、生态文明与城乡良性互动，促进中国城乡统筹和可持续发展，最终将生态化农业的商业模式，与社会责任、可持续发展理念融为一体，引导城市健康消费合作社与农村绿色生产合作社对接。通过城乡之间消费者与生产者的直接互助，重建社会信任与合作机制，实现城乡良性发展；简单地说，就是通过市民直接从事农业来带动生态化农业的模式。2009年以来，我们已经连续召开了七次全国社会农业大会，2015年11月成功地以民间力量为主把第六届世界社会农业大会开到了北京。

发起社会力量维护农业与环境可持续发展的方式多种多样，如市民农业、校园农业、小区农业、返乡青年的绿色创业等。现在，我们培养并保持联系的CSA农场已经达到300多家。只有农业进城，人们在大城市中受压抑的紧张情绪才有可能得到缓解。最近几年，乡建志愿者们正在联合搞一个叫作"爱故乡"的活动，也就是要发动全国各地的文化人来自觉地维护"让我们回得去的故乡"。我们应该看到，21世纪中国最大的社会结构变化，就是中产阶级的崛起。这无所谓对错、好坏，这是不争的事实。随之,中产阶级引领的"去城市化"则势必成为一种趋势,并且,有利于加强城乡融合,推进与食品安全有关的乡土文化复兴运动。

如果大家愿意放眼世界,多了解这些地球村里左邻右舍的事儿,就会觉得中国台湾主妇们在奋斗中提升自觉性的发展过程,在我们的这个变化着的世界上越来越具有普遍意义!

世界农业三分天下的基本常识

既然台湾主妇联盟的成员们都关注食品安全,我们就需要与他们加强学习交流。要知道问题的本质所在,就要了解世界农业的常识,否则出了问题都不清楚该朝哪儿走。

世界农业进入资本主义时代以来,农业领域大体形成了与西方人推行殖民化[1]有关的三分天下的格局:殖民地国家(美洲和大洋洲)外来人口掠夺原住民土地形成的盎格鲁-撒克逊模式的大农场,殖民地宗主国(欧洲)人口大量外迁之后形成的莱茵模式的中小农场,未被彻底殖民化过的东亚小农村社兼业化的原住民模式的生存性农业。

这三种不同形式的农业形成条件完全不同,既没有哪一种是放之四海而皆准的模式,也没有可以被普遍复制的成功经验。

---

[1] 这个殖民化的概念,专指西方所谓"地理大发现"以来的前资本主义原始积累时期的历史进程,主要内容是外来殖民者屠戮原住民,占有土地资源,建立大种植园,其与西方宗主国推行的"国家犯罪"运动——"奴隶制"和"三角贸易"直接相关。

据此可知，在亚洲这个原住民地区[1]，只要试图照搬殖民地条件下才形成的盎格鲁-撒克逊农业模式，搞规模化、资本化的大农业，就都会造成"双重负外部性"——严重的污染和食品安全问题。

两千多年前孟夫子说"食色，性也"。诚如斯言，我也希望读者更多地了解农业与人类的相关性，这就会有助于知道我们从哪里来，我们身在何处，我们应该向何处去。如果大家去过那些历史博物馆，就会看到人类告别蒙昧进入文明最初靠的就是在亚洲这个世界最大的大陆两端——东亚和西亚发生的"原生农业"。正是由于这两端的地理气候条件的差异而形成不同的农业作物种群，也就有了农业养育的人类因食物及其饮食文化决定的不同生存方式乃至文化的差异。

现在西方了解的主要是在亚洲大陆西端幼发拉底河与底格里斯河的两河流域一万年前形成的早期原生农业。因为西亚地区离欧洲人近，就有了通过安纳托利亚半岛传到欧洲次大陆形成的"次生农业"。早年西亚这两条河之间的距离很近，在两河流域形成了单一作物种植模式，加之这里气候温润，属于半岛型农业区，人们可以漫坡种植而不必搞水利和梯田建设，由此形成的西亚"两河"农业是单一化的。这一模式后来扩展到欧洲形成了次生农业，也是以单一作物种植为主。

到了中世纪以后，以种植小麦和吃面粉为主的农业文化和

---

[1] 亚洲国家中唯有菲律宾是大农场制度，主要是由于被西方人殖民过400年，菲律宾保持外来者占有大规模种植园的制度。

食物文化，被欧洲人通过殖民化带向世界。现在的大洋洲、美洲、非洲，只要是西方人较长期殖民占领，或者已经完成殖民化的地方，大都以面包为主食。同期，原住民的农业方式和食物文化，乃至于多神教的信仰体系和精神生活，大抵都被外来者毁灭了。因为西方人在那种单一作物农业和简单食物文化作为生活方式的基础上，派生性地构建起了单一神祇崇拜的宗教，乃至于单一真理的哲学思想和相对应的精神生活，内在本质性地"排他"。

但，由于高山、荒漠、大海和冻土带等地理条件的阻隔，当西方人的早期文化在西亚形成的时候，西亚人对欧亚大陆的东端并不了解。

这个在欧亚大陆东端的原生农业，也是在"两河"流域——长江、黄河。但东方这个两河，比起西方那个亚洲大陆边缘地带的两河，地理上的间距可大多了。这一点使得东方人所生存立足的是大陆型的原生农业，北方是旱作，南方则是水作。由此，中国从一开始，原生农业时代的食物文化以及社会生活就是多样化的。东北亚和东南亚的农业则属于"次生农业"，其文化也是从大陆的农业文化延伸过去的。据此可提出的相关性假说是：没有被殖民化过的亚洲原住民长期有着多样化的农业与杂食的生存方式，建立于其上的，也是多神教的信仰和多元论的哲学思想。然而，这种亚洲原住民比较丰富多彩的多神宗教及其精神世界，常常被只能信一个神的西方人认为是没有信仰。

若此说成立，则我们东亚地区虽然被西方说成是"后发型"

现代化，但在这个模仿西方的追赶进程中，本来不必将亚洲大陆原住民赖以生存的多样化、生态化的农业方式，非得按照西方殖民主义的历史进程改造成单一化、规模化，再叠加上工厂化、资本化，而脱离本土的、历史的条件。而那些激进者主张全盘西化的言行，可以说是刻意地割断代表我们自己本性的饮食文化传承。

若从这个角度看亚洲大陆的风云变幻，看中国历史上游牧民族跟中原农耕民族之间的历史关系演变，我们就很清楚地知道这些大都跟气候冷暖变化带来的农业、牧业的产出多少有关。而当代气候暖化以来的大量科学研究表明，气候冷暖变化是周期性的，是不以人的意志为转移的客观现象，人类社会只能做适应性改变。亚洲东部大陆上人们赖以生存的农业，是被自然、地理、气候等条件决定的。例如亚洲东部是太平洋季风带，形成了以400毫米等降水线为分界线的灌溉定居农业区与逐水草而居的游牧区这两大类族群。每当气候变冷，北方游牧区产草量下降，人畜生存困难，就会迫使全体族群南下到定居农业区来掠食，每次南下都会因为"只要草地、牲口，不要人口"的游牧方式，使传统农业区人口大规模减损……

于是，中国农耕文明的历史就没有希腊、罗马那种奴隶制，也没有被西方称为"黑暗千年"的中世纪小国林立的所谓"封建制"……东西方两种差异性如此明显的文明演进，各自并不交织。直到工业革命之前，中国的国家制度和教育、文化都是西方学习的楷模。而中国之所以是世界上国家史最长的国家，是由于早在春秋战国时期在华夏农业区形成的政治国家就都沿着400毫米等降水线修筑长城，直到水利立国的秦朝完成大一统，构建了大陆国家内部的战略防御纵深，才接着是"汉承秦制"，也才有了汉武帝"逐匈奴于大漠以北"之后数百年相对和平、被后世称颂为"汉唐盛世"的结果。此后的中国人之所以都追求大一统，不外乎是因为历史上唯有广阔的战略纵深才对付得了气候变冷之际北方部落制族群全面南压。由此来看，中国人数千年的家国天下和多样性的农耕社会文化之"天地人"的生态化传承，本来都不是用西方提出的制度说或人为说来决定的。

话头儿到此，继续下去则会洋洋洒洒。

不如就此打住。但愿读者有所感悟。

2016年2月

序言二 革贪婪的命 善待人的心

胡海卿（"褚橙""柳桃""潘苹果"品牌主要策划人）

关于食品安全问题，在美国、日本，以及中国台湾地区，一连串严重的食品安全事件，都曾导致消费者的信任危机。

数十年后，这一幕在中国大陆上演了。

2010年左右，大大小小的食品企业接连爆发的食品安全问题，直接导致了消费者信心的崩塌，家庭食物的采购者不得不恶补食品安全知识，用警惕和怀疑一切的态度挑选食物。

尽管电视系列片《舌尖上的中国》如此完美地呈现出了食物的美好，尽管互联网直接推动了"2012中国生鲜电商元年"的开启，尽管"让天下没有难做的生意"的善意理念让中国拥有了世界上年成交额最大的电商平台"淘宝"，但是，在哪里才能买到让人放心的食品，仍然是人们心中的一个疑问。

安全，还是不安全，这是个问题。但问题究竟出在哪里？

人因贪婪而"相杀"

这是一个互联网时代。

互联网去除了中间环节，拉近了生产者与消费者的距离，但互联网的创业者所创造的商业模式，让世界变得更美好了吗？

为了快速网罗用户、争夺资本的青睐，大批的互联网精英们用惯有的找消费者的"痛点"的思维，通过补贴、负毛利、利用消费者寻求"物美价廉"的贪心，获取大量用户。

当用户达到一定的数量，再携这些用户向上游生产者要求低价——带着靠补贴获取的用户，一起倒逼上游，挤压生产者的利润空间。

于是，我们满目是电商销售活动的页面：1元购、9.9元包邮、正品三折起……

生产者要生存，要赚钱，他们会如何提供"正品"？

我们曾考察过很多农产品基地、食品加工企业，满地的农药瓶子、化肥袋子，食品原辅材料以劣充好，掺假使假，不在少数。

农民种着"AB田"，养殖者养着"AB猪"，安全的"A类食品"留给自己和家人吃，而将"物美价廉"、肯定无法保障安全的"B类食品"推向市场。

物美价廉，是消费者的贪婪；少投入高产出，是生产者的贪婪；建立中间商层级批发的"贪婪"的商业模式、达成自己"迅速暴富"的意图，是中间商的贪婪。

三方"共谋"让一个个订单变成了一幕幕"你杀我的价，我杀你的人"的人间悲剧。

人因互谅而"相生"

将商业模式建立在满足消费者的"痛点""痒点"之上，无可厚非。

幸甚！无论是日本的生活俱乐部生协，还是中国台湾地区的主妇联盟合作社，都为我们带来了一个新的思路：消费者与生产者为什么不能达成一种"互谅"与"和解"——人类应该还有一个"痛点"，那就是我们都希望自己成为一个更善意的个体，与人为善，让人人都生活得更好。

如同这本《菜篮子革命：从共同购买到合作找幸福》提及，"共同购买"这一概念起源于日本。日文中，"共同购买"称作"提携"（teikei），日本人选用"提携"这两个汉字，其意义是消费者和生产者的互相提携，也即，共同购买并不强调方便与多量购买的折扣降价，而是主张通过与生产者直接的长期合作，请生产者持续生产安全，且对人、对环境都友善的食物与用品。

日本还有一个守护大地协会，现在大概有20万会员，他们也与生产者达成了非常好的共识。例如，这个协会曾经忽然号召所有的会员说，今年希望大家多吃一点白菜，尽量每一顿都多吃一点。一开始，消费者不理解啊：你凭什么叫我多吃这个、多吃那个呢？而且你也不降价。协会就解释：因为今年的白菜产量特别大，如果你今年不多吃一点的话，明年很多农人就破产了。

有消费者买了蔬菜，发现菜叶子上怎么这么多虫洞，提出投诉。协会就会平和地跟他交流：因为我们的农户没有用农药，这是当初的承诺，而且我们和虫子不都是生活在天地之间吗？我们应该学会和虫子共存。

因为协会收集的农产品是以有机食品为主，所以价格较高，有消费者会说：你们怎么这么贵？他们就会解释说：好的东西，人家花了很多的心思、付出了辛劳,优质就应该优价嘛。经过多年的沟通和交流,生产者和消费者之间达成了互谅和理解,于是,他们共同形成了一个非常伟大的组织。

《菜篮子革命:从共同购买到合作找幸福》一书,让我们欣喜地看到,中国台湾主妇联盟生活消费合作社在推动生产者与消费者"相生"共存上做得同样出色!

敬天道 爱人类

2012年,短短50天内,淘宝、亚马逊、顺丰(优选)、本来生活和京东都上马了农产品(生鲜)电商板块,因而被称为"中国生鲜电商元年"。它们先后提出的原产地采购、"从田间到舌尖"的生鲜食品理念,亦得到广大消费者的认同。

2014年,电视纪录片《舌尖上的中国》第二季播出,更是让广大"吃货"深深憧憬了一把食物的美好,广大网民在线搜索食品的"流量"呈现了爆发式增长。

2014年底,互联网的兴盛、移动互联网的崛起,让农产品生产者与消费者的交互通道变得史无前例地通畅,让农产品信息和价格也变得史无前例地透明。

按理说,在互联网时代,本书提及的"菜篮子革命"应该变得更加容易实现。比如,"班站"的很多功能可以通过网络社群实现;产品的质量追溯亦可通过互联网(视频)呈现;生产者与消费者的沟通变得及时;农产品的共同购买,通过电商运营手段很容易达成……然而,由生产者、中间"链接者"和消费者形成的食物消费链,似乎并没有变得更好。

所以说,革命不是一个技术性问题,"菜篮子革命"必须是一场发自人们内心的革命!这也是《菜篮子革命:从共同购买到合作找幸福》一书的价值所在,它呈现出了这么一个图景:生产者、台湾主妇联盟生活消费合作社(中间"链接者")及消费者之间达成的互信、理解、包容和责任感——这些人类最美好的品德,可以将大家聚集在一起,形成一个命运共同体。

消费者,不再"结伙打劫"要求生产者"物美价廉",他们会懂得"优品优价"的道理;也不再吹毛求疵,他们已经能够理解,农作物质量的好坏,农人的勤力只能发挥一部分效用,老天爷或者是最终决定食物品质高低的"那个人",少抱怨,顺应天时,即是学会"敬天"。

"链接者",不再只是利用信息差或人性的"弱点",建立起带着"原罪"的商业模式,而是将交易变为沟通方式,让生产者与消费者达成舒心的交易,创造出商业的美感。

生产者,不再分彼此,而是真诚地为消费者种植、养殖出"希望给家人吃的"食物,推己及人,即是学会"爱人"。

菜篮子革命,呈现的是一场人类致力食物升级的革命,但更是在倡导一场"人心向善"的革命。

伤害一人,就是伤害全人类;关爱一人,就是关爱人类的未来。让我们牢记。

2016年1月

序言三　美好的共同购买运动

宗馥莉（浙江馥莉慈善基金会创办人）

在很长一段时间里，"共同"都是作为一种上层价值主导着人们的观念，然而，在过去30年里，随着思想解放，"共同"作为一种社会价值回归到了人群之中。各种新的商业模式的生发，促使我们对于价值观的理解呈现出多元化的状态，因为"共同"不仅是一种对于人们生活的描述，更成了一种时代的价值观，为社会带来温情与善意。

如果说一切伟大的行动和思想，都有一个微不足道的开始，那么这是由一群妈妈揭开的绿色消费的序曲。

她们从一包米开始，表达照顾小农和土地的心意；从一篮菜开始，寻回久违的真情与真味；从一块豆腐开始，倡议非转基因改革运动；从不漂白再生卫生纸开始，允诺为台湾留下好山好水。妈妈们期盼在消费中注入环境意识和守护行动，到现在，她们已经供应600多种产品，维护了24座大安森林公园面积的农地。

她们既是生产者也是消费者，她们用自己的双手创造了属于自己的幸福。她们推动人道饲养鸡、自己吃的小麦自己种，参与农地保卫战以及公平贸易活动。细寻支持她们这么做的动力，就是为了让家人吃到安心的食物。

近年来，中国的食品安全问题受到了前所未有的关注。当很多人还仅仅停留在口头的抱怨时,海峡对岸的这群看似弱不禁风的主妇们,发起共同购买已有 20 多个年头,这真让我吓了一跳,时间不短呢。

这是值得敬佩的。当男女平等尚未成为整个社会的共识时,由女性来发动变革性的活动,不仅需要勇气,还可能付出代价。要知道,共同推动某种社会问题的解决,向来不是什么易事。

她们从自己吃上安心食物出发,但也不仅限于食物的选择,而且从环境保护与生活需求角度,进行认真的学习和探究,分阶段找出能改善生活的必需品,并通过集结的消费力支持劳动者、增强环境的守护力,形成了真正意义上的共同购买。

诚如台湾"硕士农夫"赖青松先生所言,"唯有个别消费者意识的转变,进而带动整体生活方式的改变,我们的环境才有一线生机"。

人生到底有没有意义?有很多人会说,这在于你活着的价值,为别人还是只为自己,你身边的人有没有因为你而开心,以及你过得是否充实,想做什么,该做什么,是否抓紧生存的时间努力完成。

也许,你因这个世界而改变,这个世界也因你的存在而改变,这就是意义。人类是以社会方式存在着的,因此人们普遍推崇有利于社会的价值观,并以此为界,区分正误。

"我认识你,有机会吃你种的菜,是我们的荣幸""我给合作社的菜,是甜的菜",20 年来主妇们持续力行的"菜篮子革命",通过无形但又巨大的力量让人们的幸福感蔓延开来,在社会中带动更多讨论和实践。

我们要感恩这一切,因为感恩也是社会凝聚力的一种形式,一个人的力量或许单薄,但是一群人的力量却是强大的。

诚然,每个人对于社会都有存在的价值,只是通过不同的方式呈现,我希望大家都可以好好地审视一下自己,看看每个人身上有价值的、好的东西,把它发挥出来,做一个超我的人,去推动社会的发展,这也是我思考的一个重点。

一个人如果能保持像孩子一般纯洁的心灵,用乐观的心态做事,用善良的心肠待人,光明坦荡,他的人生一定比别人快乐得多。

让我们喜爱一切美好的事物,赞美并享受它们为人类所带来的美好。向共同购买运动的先锋者们致敬!

2015 年 12 月

历史篇

餐桌上响起的革命号角……

20 年前,一群主妇
通过一包米、一篮菜,
开始了共同购买行动,
引爆了台湾的生活消费革命,
更开启了台湾划时代的合作经济模式。

共同购买，
一场温柔而坚定的生活消费革命

顶新黑心油完全灭台！越南工商部昨首度证实，顶新自越南进口的牛油非食用级，台湾地区卫生福利事务主管部门经追查顶新问题牛油下游生产者，昨惊爆食品界龙头统一也中招，包括葱烧牛肉、满汉大餐、阿Q桶面、来一客等知名泡面，以及7-Eleven的麻辣关东煮汤头，都沾劣油，总计19项热销产品。昨各销售渠道紧急下架，但因统一在台湾泡面市场排名第一，市占率高达48%，不少民众哀号不知已吃下多少恶油。[1]

醒目的2014年10月25日《苹果日报》的头版报道，其他各大报，无论是《自由时报》《联合报》或台湾《中国时报》，也都清一色地报道"顶新黑心油烧到统一""统一沾顶新牛油19项下架""踩到顶新地雷统一也被污了"，距离9月份才爆发的台湾馊水油、回锅油、饲料油混充食用油事件，才短短数月，一连串食品安全问题连环爆，像推倒了的骨牌

---

[1] 编者注：台湾彰化法院在2015年11月27日做出判决，顶新制油公司原董事长魏应充等六人全部无罪。法官认为，检方无法举证油品来自非健康猪，因而宣判无罪。

似的。社会大众也才惊觉，每天吃下肚的，竟然是黑心恶油，而无良商人拿油来洗钱，资本主义获利第一的思维，让不肖食品制造商、供货商眼里，已经没有消费者"人"的存在，仅剩"钱"的诱惑。

食不安心，消费者惶惑难安，台湾"美食天堂"的称誉也因此迅速崩毁。事实上，不只是食用油问题，数十年来，台湾牺牲环境换取经济增长，一连串的环境安全事件、镉米污染、农药残留……都是可预料的恶果，但一味追求表象式经济增长的官方决策者，选择视而不见，最终付出代价、承受苦果的，却是社会大众。1979 年，彰化溪湖爆发了米糠油中毒事件，全台至少 2000 人因吃到受污染的米糠油而受害；20 世纪 80 年代以后，镉米污染、馊水油、绿牡蛎……接连出现，消费大众同样不安，也同样不知所措。

认清了台湾官方偏颇的政策方向，出现问题也提不出有效对策，一群主妇们，为了让摇篮里的孩子健康成长，为了让家人有安心安全的饮食、居住环境，开始认真思考生活的本质是什么；也思索着，面对唯利是图的不良厂商，除了愤怒、消极抵制之外，还可以积极做些什么。

于是，一场以菜篮子里和碗中的未来为关注点的温柔而坚定的生活革命于焉诞生。就从一群主妇开始，台湾诞生了前所未有的，以消费者为主体的自觉性"共同购买"运动。她们不仅引爆了台湾的生活消费革命，开启了划时代的合作经济模式，还以实际行动，为食品安全、为健康、为环境把关！

细说从头，20年前，在台湾
有一群勇于开口、敏于行动的主妇……

所谓"共同购买"，就是关心自己、关心环境、关心生产者的消费者集结起来，依生活的需求，寻找有共同理念的生产者，让他们提供环保、健康、安全的生活材料；消费者与生产者通过直接对话，协助解决彼此的问题，找回人与人之间的互信；通过对生产环境的亲近与了解，重温人与土地之间的情感；更希望借此推动绿色消费，改善环境质量，并以计划性消费及合理价格给予生产者支持；更要通过食品安全教育，让人与土地都健康。

话说从头。20世纪80年代末，一群追求新知的家庭主妇，在《妇女新知》杂志社的"家庭主妇年"活动中相识并组织起来，接着在《新环境》杂志社内成立了"主妇联盟"义工团，以"勇于开口、敏于行动"自勉，踏上了保护环境的妇女运动之路。

1984年，商业嗅觉灵敏的跨国企业，看到中国台湾地区经济正蓬勃发展，于是，第一家麦当劳在台湾开设了。麦当劳食品不仅价格高昂，而且快餐高热量、高油脂对健康的危害，甚至对孩童脑部发育的影响，让这些妈妈寝食难安。为了抵制快餐，这群妈妈群集到麦当劳店前站岗，疾声呼吁大众拒吃。这一"站"，也成了这群主妇的成名代表作。

虽然当时社会大众的环保意识并未如现今普及，但许多家庭主妇却热烈响应了这群主妇妈妈的呼吁。1989 年，在新环境基金会协助下，台湾第一个以女性为主体的"主妇联盟环境保护基金会"正式成立。参与者愈来愈多，关注的议题也愈来愈多元：环境保护、教育改革、消费质量、妇女成长……基金会开设多个学习小组，并成立了不同的委员会，其中的消费质量委员会，就是孕育台湾共同购买运动先行者的摇篮。

中国台湾地区共同购买运动的诞生，其实也受到日本生活俱乐部生协的组织经验启发。1991 年，甫成立的消费质量委员会成员翁秀绫、陈秀惠、罗月秀等人，参加了在香港举行的第十届国际消费者联盟（IOCU）大会。那次大会所讨论的议题，几乎都围绕着全球自由贸易，但许多来自第三世界国家和地区的消费者代表却极力痛陈，所谓的"自由竞争"和"市场机能"，不但没有改善老百姓的生活，反而让本地的消费者、小农、劳工和原住民等，陷入更贫穷的窘境。

在大会一片痛陈声中，一位来自日本神奈川的女士站起发言："我们'生活俱乐部'是一个合作社组织，20 年来坚持实践共同购买，开发生活所需的消费材料，与生产者订定生产契约。……我们新的课题是如何建构一个符合人性，可以永续发展，并能够应对高龄化的社会。我想强调的是，我们的实践证明了'合作社'的确能够发挥草根的力量。"（《我是生活者》，第 144 页，译后记）这番自信而坚定的声音，深深打动了这群来自中国台湾地区的女性。

1993 年，消费质量委员会的这群主妇们，在食品安全问题接连爆发的情况下，下决心自己找寻安全的食物，于是，开始寻寻觅觅，跑遍台湾，就为了找寻新鲜、无农药的米。当时因为没有能力负担送检的费用，这群妈妈只能"土法炼钢"，一本一本地翻阅生产者的账册，查看生产过程是否使用了农药。之后，这群妈妈集结了一百多个家庭，以"共同购买"的方式，直接向信任的农友订购了米和葡萄。就这样，从一包米、一串葡萄开始，这群妈妈默默地发动了台湾地区划时代的生活消费革命，共同购买运动于焉展开。

共同购买初期，这群先锋主妇也经常走访海外的类似组织，向这方面的学者专家、先行者们请教并与他们交流。加拿大合作经济学者 Ian MacPherson 博士就曾对先锋之一的黄利利提到，这群主妇联盟女将在中国台湾发起的共同购买运动，有两项独特之处。一是从"利他"到"利己"。他说，一般消费运动都是从利己到利他，因为消费者通常希望买到便宜的产品，从自身需求或利益出发，但源自主妇联盟基金会环保理念的共同购买，却是以保护环境为前提，进而延伸到消费者可以拥有安全的食物来源。也就是说，这群妈妈最初的出发点，并不在于只是为了买便宜产品。第二项特点则是以女性为主体。海外的合作社组织，虽然大多也以女性参与为主，但主其事或管理规划者通常是男性。台湾主妇联盟的不同在于，不论是参与者的社员（会员），或是早期运动的开创者，均以女性为主，而且是大量女性积极参与，形成一种独特的、以女性思维为主体的志工文化。

这群有别于传统的主妇们，决心坚定、毅力惊人，打破了大众对于"主妇"这个身份的认知。然而，也因为主妇联盟以女性为主体，而且是家庭主妇居多，所以，所有思考与作为都从生活需求出发，务实中又带着浓厚的知性与理想色彩，并且充分展现了女性特有的细腻与体贴。

为推广理念，共同购买运动起步之初，主妇联盟曾发行《生活者主张》双月刊。就在1993年6月第三期中，共同购买运动发起人之一翁秀绫写了一篇《什么是市民事业》，文中提到，20世纪六七十年代的美国，民权运动、反战运动、女性解放运动……风起云涌，但运动高潮渐渐落幕之后，许多社会精英却没有投入社会上一般产业，而是创造了另一种劳动形式，称为"workers' collective"。这种在社区里开创的劳动事业特色是：以非营利为目的，对社会有积极益处；成员劳动者自己出资、劳动、经营，所以没有雇佣及被雇佣的劳资关系。这种事业可被视为社会运动的延续，是市民运动在社会力外所增加的一份经济能力，并使运动者在追求理想抱负的同时，可以不虞现实的生活压力。

"市民事业"的理念与精神，启发也鼓舞了这群共同购买运动先锋，她们即知即行，将之带入行动之中。翁秀绫关注消费者运动和女性经济，林碧霞立志推广善待环境的农业生产方式和清洁用品，谢丽芬热情投注农业并走入社区辅导湾宝民众，翁美川一直扶持妇女和精神障碍患者等弱势群体。这些"革命先锋"主妇想做、所做的事，领域看似不同，却是相互交集、相互延伸的。

"共同购买就像木桶上的铁线圈，而翁秀绫、林碧霞、翁美川、谢丽芬则是那一片片木板，因为共同购买而聚拢在一起。这些主妇的理想都在共同购买运动中实现了。"主妇联盟合作社前身——绿主张公司董事长黄利利,为这群早期的共同购买伙伴做了生动批注。

共同购买,以自主和合作
打造一处可信赖的生产—消费生活平台

共同购买和团购有何不同?表面上看起来相似,都是集结购买力,然而在实质上,两者的出发点、核心理念却是大不相同。属于办公室同僚互助、代购行为的集体团购,着眼于"大量""方便""便宜",也就是"以量制价"。"共同购买"这一概念则起源于日本,日文中,"共同购买"称作"提携"(teikei),日本人选用"提携"这两个汉字,其实是有意义的——消费者和生产者的互相提携。也就是说,共同购买并不强调方便与多量购买的折扣降价,而是主张通过与生产者直接的长期合作,请生产者持续生产安全,且对人、对环境都友善的食物与用品。

除了经济方面的考虑,共同购买在消费过程中也融入了绿色生活观、人文关怀和环境永续发展的考虑,实践环境守护。更重要的是,共同购买主张消费者的自主与合作,鼓励善用消费的力量,改变社会。

共同购买,不只是买卖

简单地说,共同购买运动就是找一群人挺一群人;以集结的消费力与合理价格,向生产者购买安心安全的产品。而在这个行动中，消费的一群人与生产的一群人，彼此之间并非只是单纯买与卖的关系，更是因为有着相同理念而结合的伙伴，是共存共荣的生命共同体。

因共同购买行动不断扩大而诞生的主妇联盟合作社，目的就是串起生产与消费的两端，为彼此搭建一处可以相互合作、信任无间的平台，更想要创造出一个人人可以参与，可以终身学习，可以共育、共老、共好的场域，通过合作，丰富彼此，创造美好的本地生活。在这个合作社大家园里，每个人都可以是行动者，而不再只是被动等着被服务的消极消费者。

主妇联盟合作社所提供的这个共同购买平台，最重要的任务，就是为社员寻找可信赖的生产者，通过层层把关，包括亲身拜访、实地观察、建立档案、确认生产环境与产品安全无虞，以建立社员和生产者之间彼此信任的基础。产品在供货前或对其例行把关，或再加以检验（抽验）。倘若产品出现问题，也不是退货了事，而是与生产者一起找原因、找答案，也就是要与生产者共同面对问题、共同解决问题。

为共同购买供货已超过十年的埔里农友林碧龙，原本从商，后由商转农。从农过程中，曾遭遇过许多挫折——象神台风来袭时，满园的木瓜与设备被吹毁殆尽。已故的主妇联盟合作社前理事主席谢丽芬，绞尽脑汁，为被台风吹落的青木瓜寻找出路，最后，还弄出了各式青木瓜食谱，大饱社员口福！在林碧龙初入农业这一行时，这位十足的门外汉在栽种百香果时竟选错了品种，别人家果园里的百香果紫红艳丽，自家却是黄澄澄的，以致无人问津。幸好，又是谢丽芬急中生智，教导他将卖相不讨喜的百香果改以榨汁供应,有效地协助林碧龙将损失降到最低。

林碧龙感念地说:"这十几年来,不论我们遇到任何困难,丽芬都会很热心地帮忙解决,甚至包括田间的栽种管理。她还曾鼓励我们饲养放山鸡,供中区社员,也让我们得以增加了收入。"共同购买不只是买卖,主妇联盟合作社也不是盘商,而是在一次又一次共同面对问题、共同解决问题的过程中,与生产者建立彼此互助共好的深厚情谊。

共同购买,因理念相同而合作

在资本主义商业运作中,买卖犹如拔河中对立的两端:买方要东西好、价钱便宜,量大杀价,团购享折扣;卖方则是要卖价好、利润高,卖得愈多赚得愈多。买卖双方都以自身最大利益为考虑,于是,在激烈的市场竞争下,卖方为了扩大利基,追求最大利润,最快、最有效率的方式就是降低成本。而在对有形成本锱铢必较的同时,避免危害大众健康、环境利益的质量要求,很可能就被默默地牺牲了。尤其在全球化的资本主义商业竞争中,在卖方以获利为目标的拔河赛中,处于消极被动一端的社会大众,注定是最大输家。

但在共同购买行动中,买卖双方是合作互信的关系。作为买方的消费者以主动集结的购买力,对生产者提出要求,也许下承诺,并且通过生产者之旅、产地拜访、产品会的讨论,消费者可以亲身介入生产流程,充分了解原料、食品添加剂、生产环境、最大产量、运输过程、价格的制定等等。作为卖方的生产者则在充分了解消费者的需求后，持续生产或制作出消费者所需要的，安心、健康又善待环境的生鲜或加工食品。生产与消费的两方，彼此开诚布公，诚信以待，从原料、生产、配送、到制定价格，任何问题都能彼此讨论，共同解决，是一种共存共荣的伙伴关系。

共同购买产品的生产者，迥异于资本主义市场以追求利润为出发点的厂商，是以理念为依归，追求与消费者志同道合。就如同早在1998年，当共同购买中心寻找非转基因黄豆无果，必须自行进口时，名丰豆腐即义无反顾，克服种种制程上的困难，全力投入用非转基因的食品级黄豆开发完全天然的豆制品，并用食品级消泡剂煮豆浆，用食品级凝固剂做豆腐、豆干。

在第一块绿主张公司的木棉豆腐诞生后，名丰豆腐持续提升质量，并朝原料黄豆契作[1]、设备提升迈进。名丰豆腐以做一块健康、可安心食用的豆腐为己任，进一步做好了厂区的废水处理，即使一块豆腐的废水处理要增加两元成本，为保护环境，他们依然坚持——这就是共同购买的生产者，他们不是厂商，而是志同道合的合作伙伴。

共同购买，诚实是寻找生产者的首要条件

食品安全问题层出不穷，并非无法解决，事实上，在台湾相关法令已多如牛毛。关键其实是在于生产者的贪婪造假。早

---

[1] 编者注：台湾农业中所谓的契作，就是契约耕作，私人公司或团体和农民或农会在播种前订下合约，对所生产的特定农产品进行数量和价格上的保证收购，以保障彼此的权益。

在20年前，主妇联盟合作社的共同购买运动创始者就清楚地认识到，诚实是生产者的最重要品格，因此，寻找共同购买的生产者时，就将诚实互信列为首要条件，要求生产者必须以诚信、正直的态度，抱持着"给自己家人吃"的信念进行栽种或生产。

2014年10月在沸沸扬扬的黑心油品事件中，为主妇联盟合作社供货多年的生产者—德立制作的卤肉燥，也因使用正义猪油而遭受波及。一德立负责人郑月虹在事件爆发后，立即写了一封公开信给社员，除了致歉之外，更真诚地提出了具体解决方案。

郑月虹说："在信任完全瓦解的此时，也无法选购更好的食材，我不但会自行炸猪油，不再选购猪油制品，同时还会开发、酿制属于自己专有的酱料和配料。我期许在自己的研发室和工厂调配出可以让自己信任的佐料，让食品安全风险降到最低。但我更期许我们的主管部门可以早日让产销履历上线，毕竟个人的力量有限，唯有食品业的上游都将进货源头清楚标示，我们这些下游厂商才有采购的依据。否则就算是自己下厨，也很难幸免于难。"生产者能够坚守诚信正直，才是消费者安心、安全的最大保障。

共同购买，消费者以主体性积极参与

共同购买以合作、信任为基础，诚实正直的生产者在田里勤劳栽种，或在工厂里努力生产，清楚每一种原料的来源、不掺杂任何不必要的添加物；忠实支持的消费者则持续安心购买来自这些值得信赖的生产者所生产的，外表可能不甚佳、价格

也不低，但肯定安全的农作物或产品。

作为提供共同购买平台的主妇联盟合作社，一方面积极找寻更多有理念与愿意尝试的农友、生产者，彼此不断地沟通、调整，让善待环境的生产更普遍；另一方面也要找寻更多家庭，加入共同购买的行列。因为唯有增加购买量，才能要求农友生产消费者要求的质量，也唯有稳定的购买量，才是农友、生产者安心地持续生产、种植的最大保障。

有别于一般消费模式，在主妇联盟合作社必须先成为社员才能参加共同购买。无可讳言，许多人可能只是为了寻求自家所需的安全食物而成为社员，把合作社当成一个品牌有机商店。因此，为了"让消费不只是消费"，主妇联盟会邀请有意入社者，必须先参加"新生训练"活动，也就是入社说明会。

通过说明会，有意入社者先了解"出资、购买、参与"是主妇联盟合作社社员的"三合一"责任，也是社员的权利与义务，更是撑起组织，让组织得以健全发展的铁三角。同时也在说明会中，理解主妇联盟合作社是一个"通过消费力持续参与环境运动"的事业体。

这项仿若门槛的"入社说明"设计，对于习惯享受便利、迅捷消费模式的现代人来说，可能会感觉有点小麻烦，但这其实是一个"可贵的麻烦"——通过理解而认同、支持，甚至投入。多年来，不少社员就是通过合作社所主办的各种演讲、研习，或参与主妇联盟基金会的活动，进一步深入并投身成为环境及社会议题的参与者或宣扬者。

事实上，早在主妇联盟合作社的前身——绿主张公司时期，许多会员就不再是资本主义社会中的消极消费者,对于食品、日用品,也不只是被动地接受厂商的制式商品,而是主动要求厂商的生产符合生活理想——必须是健康原料、排除不必要的添加物、照顾弱势群体、善待环境……社员大力倡导消费者不仅要吃出健康,更要活出对人群的关怀,对环保的落实。

共同购买这条路,
一路走来,点点滴滴的故事

主妇联盟合作社的共同购买行动之所以酝酿发生,源于20世纪90年代,媒体不时报道台湾这里出现了毒葡萄,那里蔬菜的农药检验不合格,还有重金属污染的镉米被吃下肚……一群妈妈忧心忡忡:"不知道是要小孩多吃一口饭,快点长大;还是少吃一口饭,减少吃下的毒。"至今,相隔二十几年,类似的报道未曾减少,甚至更让人触目惊心:一杯茶含22种农药,豆类农药超标百倍,甚至有青菜农药超标279倍……二十多年过去了,农药,依然是大多数农友戴在指上的神奇魔戒,一戴上,就无法自拔。

事实上,农药这魔戒其来有自。工业革命以来,全世界人口暴增,最主要原因就是能源的发现和利用,以及化学肥料的研发、农药的开始使用与农业机械的运用等近代科技的发展。而更多的人口,当然就需要更多的粮食,以及更多的农地。

第二次世界大战结束后,战争期间用来制作炸药、毒气的硝酸盐与化学肥料没有用完,大量囤积在工厂里。工厂里堆满这些存货的拜耳之类的大公司，就把目标转向广大的农地，将这些原料转而制作成化学肥料与农药，强力促销，来赚大钱。

有了农药、化肥，农作物产量确实大幅增加了，但农民的生活却没有因此得到改善，因为习惯了使用农药和化肥，到最后变成完全依赖，就必须要花费更多的金钱购买农药与化肥。此外，农作物产量提高的更大代价是：为了扩张农地，大片森林不断被砍伐，土地持续被过度消耗，造成土壤贫瘠，终至沙漠化、盐化；农药与化学肥料的大量使用，不仅导致难以恢复的环境破坏、生态危机，更拉大了贫富差距，富有的跨国大农企业家愈来愈富有，贫穷的小农也愈来愈贫穷了。

台湾光复之后，官方为增加农业产量，即有系统地推广农药化肥的使用，农业学校或农政单位所传授的生产技术，也几乎完全架构在农药之下。农药，成为农友田间不可或缺的利器。对于使用农药可能造成的隐忧与后遗症，官方隐而不谈，甚至视而不见。1995年，云林县有十余人吃了小玉西瓜之后，身体出现不适症状，被紧急送往医院。检验追查后人们发现，是农药使用不当，导致小玉西瓜上残留了"得灭克"农药。这起小玉西瓜事件之后，农药用药安全问题也才开始被官方注意。

根据联合国统计，每年全球地表上被施撒了300万吨的农药，但只有0.1%的农药有效杀了虫，其余99.9%全都渗进土壤，流到河川、水库、海洋，最后再经由不同形态或方式进入人体。中国台湾地区每公顷农地的农药使用量是47.33公斤，排名世界第一。农药可以快速有效地防除病虫害、杂草，不仅增加农作物产量，也提高农作物质量，大幅增加农家收入，因而也让农友对农药的依赖日深。

对于早已习惯使用农药、化学肥料的农友来说,不用农药仿佛是天方夜谭。尤其在20年前,"有机"对社会大众,甚至农友来说,都是一个陌生的名词,遑论有机栽培技术与农业资材。想要吃到完全不含农药的有机蔬菜,难上加难。农村里,虽可见到农家会保留一小块地,种些给自己家人吃的蔬菜,但也不是完全不用农药,只是少用罢了。农人其实比任何人都知晓农药的可怕,可以杀死害虫,当然也可能置人于死地,但为了生计与生活,为了附和消费者偏好挑选又大又便宜、卖相好的蔬果,农民只能不断喷洒农药。

自废武功,跨出种植有机蔬菜第一步

共同购买,起心动念就为了能够食在安心。共同购买在发展初期,首要任务就是要找到愿意打破长久以来的用药习惯,并能够在生产过程中按照种种要求来种植的生产者。所谓安全的蔬果,即意味着不使用农药,但这几乎是不可能的。参与产品开发超过十年的合作社资深职员施宏升说:"要跨出那安全的第一步,农友必须放弃用药,这对农友来说,简直就是自废武功呀!"

共同购买中心起步之初,经费拮据,每件产品的农药检验费用却高达9000元[1],而检验出来的结果,也只能代表样品本身。如果对生产过程不了解,对生产环境与使用材料的安全性缺乏掌握,即使不厌其烦地"逐批检验",也无法确定产品的安

---

[1] 编者注:正文中所涉金额均为新台币,下文不再一一注释。

全性，反而让昂贵的检验工作失去意义。

推动共同购买运动的这群主妇认识到，检验只是对产品安全性的最后确认，而不是判断安全的唯一依据。也就在这样的务实认识下，主妇们开始寻找愿意自废武功、"敢"不用农药的农友。庆幸的是，找到了少数愿意勇敢放弃使用农药的先行者，他们充分运用时序与深厚的田间经验，加上少数自制资材，不负所托，终于种植出一批有着"蕾丝花边"、不用农药的无毒蔬菜。

当然，有勇于尝试的农夫，也要有不计代价支持的主妇们，愿意购买没有农药"加持"，长相、形状都超乎想象的蔬菜，而且可能买来是一斤重，整理完后，仅剩不到半斤可以下锅。对这一群家庭主妇来说，这可是经济上的一大压力——作为家庭经济支柱的丈夫的质疑、买了一辈子菜的婆婆的狐疑目光……可能必须买高说低地谎报菜价，也可能必须含糊其辞佯称农友相送，总之，主妇们咬牙支持，就是为了彼此鼓励，相互扶持。

从1995年就开始参与共同购买行动，一同走过这段艰辛历程的高雄农友张肇基就说，要从向来习以为常、以营利为目的的生产思维，或者以考虑价格为先的消费心态，转变为共同购买所强调的共存共荣的生产和消费关系，可以说是一百八十度的大翻转。

"主妇联盟每年来个三五趟，一点一点地教我们解决耕种及管理上的问题。长久下来，对农友的帮助绝对是在台湾农政单位之上。"张肇基说，主妇联盟这群女英雄，除了带来崭新的消费意识，最大功劳莫过于协助农友解决了农业生产与销售这个关键的问题。张肇基认为，共同购买运动就是解决台湾农业困境的有效方法之一。

农友从最初硬着头皮、自废武功式的"敢死"尝试，随着经验不断累积、技术不断提升，加上有机栽培的可用材料与栽培品种陆续被开发，到如今，主妇联盟合作社的共同购买已有110位农友及六个产销班，每周可供应全社三万多个家庭的蔬果需求。因为不断从做中学，许多农友的栽种技术已臻炉火纯青，可栽种出质量与卖相俱佳的蔬果，这反而让社员不禁要怀疑："菜长得这么漂亮，是不是用农药了？"让农友哭笑不得！

锲而不舍，收获第一串减农药葡萄

餐桌上，终于有了无农药的蔬菜，一定也想吃无农药的水果。但是，本来就是高门槛的水果栽种，不用药的难度比蔬菜更高，可以减农药就已属万幸。

最初，南投中寮的一位农友，大胆且大方地以园子里的800株橙子树进行尝试。每到柑橘克星——星天牛（Anoplophora chinensis）的产卵季节，因为不用药，只能手工抓虫，农友除了全家出动，还号召附近村民一起加入捕捉星天牛的队伍。但是，尽管动用了众多人力，也不知道用掉多少樟脑油、香茅油，橙子树还是不敌星天牛的啃食，一株株死去。历经五年，800株橙子树几乎全军覆没。最后，这位农友只能无奈离农，再回老本行卖猪肉。

幸好，虽有农友放弃了，但也有农友一路坚持。葡萄，是共同购买首次集结购买的水果品类，詹光荣就是第一位提供这串减农药葡萄的农友，从1993年共同购买行动开启之初即合作至今。

从高中时期就靠着自学栽种葡萄的詹光荣,通过就读中兴农学院的堂弟帮他搜集葡萄栽种的相关书籍来读,读到不懂的专业名词,通通用笔记下来,农闲时,骑着摩托车从卓兰到台中改良场,一一请教专家或研究人员。慢慢累积着葡萄栽种相关知识的他,好几回读到郑正勇教授所发表的葡萄研究文章,倾慕之余,决定北上台湾大学,当面拜访请教郑教授。

詹光荣回忆说:"郑老师应该觉得我很啰唆,问题很多,很爱问。但第二回拜访之后,他竟然就答应要找时间到我的果园来看看。"虽也吃过许多闭门羹,并不是每位专家都乐意分享或指教,但詹光荣始终锲而不舍。素昧平生,但历经两次来访,郑正勇对这位很爱问问题的年轻农友印象深刻,最后不仅倾囊相授,20多年来一路相伴,还成为詹光荣在葡萄栽培上最重要的良师益友。

一直对栽种葡萄情有独钟的詹光荣,在31岁那年,因患重病住院整整一个月:"生死交关之际,我想到我有技术呀,为何不传给大家呢?"于是,出院后第二年,詹光荣组织了卓兰青年葡萄果农研究班,而这个青年研究班,即为推广无毒葡萄的栽种提供了契机。

和已根深蒂固习惯使用,且认为不可能不用化肥和农药的父辈老农相比,詹光荣和研究班的一群年轻农友,有更开放、更积极的学习心态,卓兰地区也因此诞生了一批充满活力、勇于尝试的年轻果农。詹光荣说:"以前要农药检测,班员都会觉得啰唆且麻烦。现在班员都很愿意送检,而且葡萄未检出农药的比例可以高达八成。"在青年研究班那段共学日子所打下的根基,詹光荣至今仍为此感到骄傲和自豪。对他来说,葡萄属娇贵不易照顾的水果,不仅怕台风、怕雨,还怕太热,既然能够减少农药种出好葡萄,其他水果肯定也不成问题。

在郑正勇老师介绍下,1993年,詹光荣的杰农合作农场就与初开张的共同购买中心合作,第一次供应了共同购买的减农药葡萄,也从此相互提携。1999年,"9·21"大地震中,卓兰镇的农田受损惨重。中国台湾主妇联盟和日韩姊妹会共同努力,募得了100多万元捐款,其中15万元捐给了灾情极其严重的杰农合作农场。詹光荣太太也始终记得一段往事:"有一年台风,农场的梨子被打落了一地,我们捡回来堆满厂间,看了实在很难过,却又不知如何是好。好在有合作社把这个消息登在周报上向社员说明,社员很快就认购了这些有伤的梨子。那样的心意,我们真的很感谢。"

合作的美好与感动,就在于彼此在最需要的时刻及时伸出援手。当合作社其他农友的产品生产过剩、缺乏冷藏的仓储空间时,只要产品部一个电话,詹光荣便迅速为合作社安排暂储空间。农友大会、果农大会的研习场地或果园观摩,詹光荣也总是热心配合,绝无推辞。事实上,这样的互动关系,也正是共同购买核心理念所强调的,生产与消费两端因理解与信任而创造出最美好的友善循环。

产地拜访,看见人与人、人与土地的关系

共同购买早期的几位先锋成员,包括林碧霞、翁秀绫、谢丽芬,因为都具有专精的农业背景,也都直接参与第一线的产

品开发,因而塑造了主妇联盟合作社在产品开发和把关上的独特性——不但可以协助辅导农友和生产者面对问题、解决问题,还可以进一步从事新产品的研发。

20多年来,从草创时期的少数几样,到现今将近800种产品,主妇联盟合作社沟通、确认与把关,可不是一个电话、一张传真、一封电子邮件就能解决的,而是依然保持着拜访农友、看现场的"传统"。这传统也是必要的,通过产地拜访,他们在现场看见人与人的关系,也看见人与土地、环境的关系。合作社里流传着一个冷笑话——打电话到各分社找产品部专员,找到人的概率是一半,因为产品专员不在产地,就在前往产地的路上——这笑话有些冷,但也忠实传达了产品专员的工作状态,以及合作社多年来对产品开发与把关始终如一的坚持。

早期,合作社人手短缺,也没有现今便捷的物流系统,产品部人员还必须收货兼送菜。元老翁秀绫和赖青松为了到农场收菜,都曾在三芝崎岖的羊肠小道上翻过车;曾担任产品部经理的黎德斌,有一次因社员投诉花生汤事宜,衔命出差去紧急处理,夜宿旅馆时,因旅馆的不当设计从二楼跌落,造成了脑部重大伤害;另一位前产品部经理施宏升也曾在生产者的渔埕边,被突然扑来的獒犬狠狠咬了一口……此外,在往返产地与合作社的路途中,突遇漫天大雾或狂风骤雨,在能见度不到一米的恶劣天气小心翼翼开车访农友……对产品部同事来说,这些经历或情景,几乎都是随手拈来,说也说不完。

从产地到餐桌这条路,虽然有辛劳、有风险,甚至还有生产者伫立田边的无奈,以及产品开发者的孤寂与心酸,但是,主妇联盟与农友彼此打气、互相扶持的坚定心意,却是一路走来最温暖的陪伴与动力。

已故的共同购买创始人之一谢丽芬,在她生病休养期间,合作社伙伴以共同书写的方式,出版了一本《人生的存折——谢丽芬和主妇联盟》纪念专书。其中赖青松写下的一段心路历程,充分表达了产品部伙伴与农友之间坚定而深厚的情谊:

在共同购买刚起步的阶段,丽芬姐是自己遇到的难得可以对话的伙伴。或许是农学出身的背景,或许农业地区成长的经历,她始终关注这些在第一线打拼的农友们的需要,相信唯有和优质农友们坚定而稳固的合作关系,才是共同购买存在的意义,也是消费者最大的保障。而这份关系需要持续不断地关心与灌溉,用心的人们始终在这条联络彼此的道路上奔驰着,唯有在夕阳西下时来到田边,看见辛勤工作的农人们挂满汗珠的脸上带着腼腆却又骄傲的表情时,才知道一切的努力所为为何。

除了不定时到产地走访,每年邀请农友和生产者见面交流,蔬菜农友大会、果农大会、生产者交流大会,都是产品部的年度例行大事。这些会议,除了农友、生产者出席外,合作社的理监事、社员代表和职员也都会共同出席。在这一整天的交流大会上,有切磋交流专业知识,有合作社向农友、生产者报告年度方针,也有农友、生产者讨论提出的问题。这一切,都是合作社与农友、生产者彼此需求与相互期待的总检讨与再确认。

对农友、生产者来说,每年一次的例行大会中,最刺激、最期待、最害怕的，恐怕非"产品反映单的回顾和检视"莫属了。产品部会以搭配照片的方式，逐一列出社员一年来所反映的种种问题产品，比如有头发、有异物、有铁丝、豆腐里有棉线、外箱不够牢固导致到仓已有损毁、蔬菜没有预冷导致萎凋严重……看到自家的瑕疵产品被放大投影出来，生产者总感到抱歉与惭愧，但这也是来年修正改进或精益求精的最佳棒喝。

产品部也会安排生产者之间互访，促成农友、生产者在产品开发上更多协力合作的可能。有一年，在合作社与农友、生产者的春酒聚会上，种高丽菜的农友向做水饺的生产者说："谢谢你们把我们盛产的高丽菜做成好吃的水饺。"水饺生产者则回应："你们家的高丽菜真的质量好，很扎实，我们在切菜、调馅时，就可以感受到。"与农为友，也让农友、生产者互助提携，一直是产品部的指导精神与要旨。

走过20个年头，共同购买运动从1993年的100多户家庭支持，到2014年，已供应超过58000个社员家庭；从过去"共同购买中心"的少数人力，到现在已扩大成为具备一套完整规章制度的庞大组织。共同购买、合作社之所以不同于一般公司，就在于始终以社员的需求为需求、与农为友、以人为中心、以人情味的黏着与维系为核心的价值存在。

不只是共同购买，
集结购买力，成为改变世界的社会力

从安心食物出发，但共同购买运动从未自限于食物的选择，而是从环境冲击与生活需求角度，进行认真的学习和探究，分阶段找出能改善生活的必需品，并通过集结的共购力支持劳动者、增强环境守护力。

在共同购买过程中，主妇联盟合作社希望每一把菜都有农友的名字，让社员不只是吃，也感念着："我认识你，有机会吃你种的菜，是我们的荣幸。"而农友也能骄傲地说："我给合作社的菜，是甜的菜。"社员以每周一篮菜的订购承诺，许农友生产者一个安心生产的可能，同时也建立起消费者与生产者长期的合作伙伴关系。共同购买的一篮菜，除了顾及营养均衡的需求外，还传达出珍爱环境资源、支持本土农业和实践绿色生活的精神。

食不安心的纷扰年代，只批判，或者只是消极抵制，不满意的现状依旧不会改变。消费者必须起身行动，一个人的声音或许微弱，但是，一群人的合作力量大。一包米、一篮菜，以消费者的力量，以菜篮子里的温柔革命，进行食品的自力救济，让集结的消费力汇聚成改变世界的社会力！

从环保生活到合作经济：共同购买发展三阶段

从最初 100 户，到今日将近六万个家庭的规模，共同购买在践行中，因应成员需求与外在环境的变化，不断得到调整修正。20 多年来的发展历程，大致可划分为三个阶段，每个阶段的理念导入与施行，也都为这个组织文化的核心价值思维留下了清楚的印记。

环保生活发展阶段（1986—1991）

很多主妇成员因身为母亲，深切地意识到，唯有安全、安心的菜篮子，才能确保摇篮里的孩子健康成长，于是纷纷投入志工行列，共同发起环保生活的诸多推广行动。共同购买初期，以环保生活理念导入为主，且受主妇联盟基金会推动议题影响，举凡自备购物袋、垃圾分类、厨余做堆肥、废油做肥皂、反核议题……生活中的环保理念和实践，都是在这最初的阶段打下的深厚基础。

共同购买实践阶段（1991—2001）

这时期，台湾开始爆发层出不穷的环境污染、食品安全事件，主妇们从消费者主体出发，寻找安全、健康、环保的生活必需品外，更冀望通过共同购买，将集结的消费力，转化成为改变社会的力量。

在这阶段，有几个主要目标，包括：

一、力行绿色消费：主张计划生产、计划消费。共同购买运动的产生，就是要对抗资本主义市场经济的过度生产、大量消费和大量浪费，并且要在有意识消费的过程中，进一步执行4R［Reduce（减废）、Reuse（再利用）、Recycle（回收）、Refuse（拒用）］，同时考虑3E［Economic（节省能源）、Ecological（生态永续发展）、Equitable（公平正义）］。在经济上，是不是节省能源、加工单纯、包装节省；在环境上，是不是有生态永续发展的考虑；在劳动上，是不是符合公平正义、不剥削劳动者。

二、回复消费者的主体性：共同购买是一群有共同想法、意识的消费者，集结消费力，以合理价格向生产者购买安心、安全的产品。共同购买不仅请生产者依消费者需求制作、生产，并且是由消费者制定规格，回复消费者的主体性，而非资本主义市场经济下，消费者成为无意识的购物机器人，或者被动的待宰冤大头。

三、与生产者建立信任关系：生产者和消费者之间，不只是买卖关系，更是伙伴，是生命共同体。生产者必须以诚信、正直的态度，抱持"给自己家人吃"的信念从事生产；消费者也愿意以合理价格确保生产者可以持续稳定地生产。生产者依共同购买条件栽种和生产的产品，消费者有义务和责任完全利用、完全分配，在合理条件（天灾、气候异常）下，也愿意包容产品量多、量少或质量有状况，也就是不只支持，也愿意一起承担风险。

四、关怀社区和弱势群体：弱势群体、妇女、原住民等，均是共同购买持续关怀并协助的伙伴，且是共同购买优先考虑的生产伙伴。事实上，关怀弱势群体的特质，也是源自共同购买早期的投入者翁美川，她具有辅导精神障碍病友的经验，让精神障碍患者朋友能够有机会在职场里进行工作治疗，回归日常学习生活。

五、支持本土农业、小农、小厂：共同购买的产品，本来就是以台湾本地农产品为主，合作对象当然也以小农和小厂优先。共同购买运动发展初期，消费者所提出的生产条件和规格，因数量少，未达经济规模，大厂根本不愿配合，反而是小农、小厂愿意共同讨论、公开制程，接受共同购买的理念，并调整制程和生产方式。小农和小厂如果依循市场经济运作，大多无法免去中间商、大盘商的层层费用，在经济上相对弱势。共同购买直接和小农、小厂合作，免去中间商、大盘商的中间费用，以更好的价格保障小农、小厂安心生产。

这时期的共同购买，在台北由绿主张公司经营，台中则以"绿色生活小铺"经营为主。一些重大产品的开发，例如再生卫生纸、非转基因豆制品、环保清洁洗剂、主要肉品、牛奶、蛋、米、酱油等，也都在这时期打下基础。

共同购买发展到此阶段，因为蓬勃发展，组织规模愈发庞大，自然也面临组织转型或再造。因此，这个时期也是共同购买从主妇联盟基金会的非政府组织，开始转向有企业经营思维的社会企业的重要阶段。

消费合作社发展阶段（从2001年迄今）

因不以营利为目的，适逢台湾地区精减机构，主妇联盟合作社有机会成立全台湾地区性之消费合作社。发展到消费合作社的阶段,延续了主妇联盟基金会的环保精神,也因为两个组织的发起人和参与者高度重叠,因而二者有"共名"的共识与默契。主妇联盟环境保护基金会作为推动议题的倡议组织,主妇联盟合作社则通过产品,在生活中具体实践环境保护。主妇联盟合作社也通过协力方式,具体回馈主妇联盟基金会,例如:在推动非转基因议题上,在绿主张公司年代即订下每瓶非转基因酱油提拨五元回捐。目前主妇联盟合作社仍维持此传统,以作为主妇联盟基金会推动议题的基金。

产品自主管理,对生产流程的掌握和了解

面对持续变动的食物生产与供应环境,主妇联盟合作社如何确保生活与食物的安全?关于把关和检验,主妇联盟合作社的主张是:真正的产品把关,是回溯到对生产流程的掌握和了解,检验只是把关的流程之一,把关不等于检验,未检出更不代表零残留。

主妇联盟合作社坚持慎选合作的农友、生产者,进行合作之前,必须先深入了解农友、生产者的栽种和生产制作观念。因此,其主张的自主管理重点聚焦在以下几方面。

一、生产环境中可能危害因素的排除

确认栽种和生产现场环境之安全性,例如农场附近是否有污染源、灌溉用水的来源……

二、生产前端原物料安全性确认

肥料、防治资材、种子、种苗,或是加工产品所使用的原物料等,都必须逐一确认其安全性。

三、生产过程中可能危害的防范

生产作业流程是否会有交叉污染的风险。

四、上架前的检验,作为把关成果的确认

产品把关的最后一道才是检验,以作为把关成果的再确认。当检出事件发生,重点不在于用这张检验报告去判定这项产品死刑,而是追查发生的原因、解决问题、避免再发生,这才是合作社努力的重点。

2010年、2011年,主妇联盟合作社发生两次杭白菊被检出

农药事件，2010年是社内抽验时发现，2011年则是新北市卫生局抽验时发现。两次事件在进货前的检验中，均为未检出。在2011年上架前的送检更高达三次，结果均是未检出农药，而生产者整批出货并在社内包装，并无生产者送错的可能。这事件也彰显一个问题——当检验结果不同时，官方检验具有公信力，农家或合作社自行送检的结果则不被相信。

杭白菊在台湾栽种面积少，药商去登记杭白菊可用药的意愿相对较低，因而杭白菊可用的防治农药有限，只要检出可用药以外的药剂就是违法。两次事件后，主妇联盟合作社也重新评估产品检验标准，杭白菊用药标准比照茶叶安全用药标准。在这个事件中，媒体也曾故意夸大报道"主妇联盟卖毒菊花"，但因处理过程及检验信息公开透明，所以社员支持合作社挺杭白菊农友的决定。因为主妇联盟持续的支持，农友韩顺雄在2012年转型有机栽培，2013年起供应有机杭白菊，解决了用药残留的困扰。

主妇联盟合作社既然送检，就坦然面对数据。以目前检验设备精密的程度，检验极限值只会在一直朝超微量降低，在检出值往往只可能趋近于零，而不会等于零的前提下，重要的是解读数字背后所呈现的意义。

检验是产品质量管理最后的确认，也是一种学习。共同购买早期经费拮据，可支出的检验费用相当少，在彼此信任的原则下，产品一样可以得到很好的评价。现在合作社有较高的预算经费来做检验，检验数据反而成了注目的焦点，只要有数值呈现，往往会造成怀疑，甚至恐慌。合作社通过回顾检出事件，整理在把关和检出上的学习经验，也再次重申了主妇联盟合作社坚守的价值。

产品篇

碗中的未来……

从一包米开始,

表达照顾小农和土地的心意;

从一篮菜开始,

寻回久违的真情与真味;

从一块豆腐开始,

倡议反转基因运动;

从不漂白再生卫生纸开始,

为台湾留下好山好水;

在消费中,注入环境意识……

天天想米,好好吃饭

"吃饭没?"不只是一句亲切的日常问候语,也道出了米饭在庶民生活中的重要性。但是,每个人如果再认真细想,早餐吃了什么?早餐还曾出现米饭吗?一天三餐会保留一餐吃米饭吗?对应现实生活,米饭似乎已渐渐从许多人的三餐中退场了。

1981年,台湾人每年白米食用量99公斤;2001年,大幅降至50公斤。台湾农业事务主管部门最新公告,2003年的白米食用量已经不到45公斤了。这样的米食力节节败退,是粮食生产的一大隐忧。但值得高兴的是,近年来不断有青年返农,从种稻入手,为农村注入新活力。

稻米,除了是台湾人的主粮之外,更是台湾消费运动的代表作物。1993年,主妇联盟在台湾开启的共同购买运动,就是从买米、买葡萄开始,联盟成员寻寻觅觅,跑遍台湾,找寻新鲜、无农药的米。

就从一包米开始,到了2014年,主妇联盟合作社已支持了八个本地好米农(包含个人及产销班),守护了145公顷的良田。不只是要找到理念相同的农友,共同购买还串起消费与生产的两端,少了消费端和生产端的连接与互动,一包米就只是一包米,只是静静躺在仓库或站所货架上等候销售的商品。因此,一年又一年的生产者之旅,产地实习的插秧、收割等农事体验,就是要让生产者与消费者面对面,让消费的社员与生产的农友相互对话、交流,也从彼此的了解中,建立宛若一家人的真挚对待与信任。

回首米的来时路

20世纪90年代是台湾民间草根力量蓬勃发展的时期,不论是环保运动、消费者运动还是社区营造,都在此时期汇集交流。1993年,环境安全事件、镉米事件及农药残留问题层出不穷,仿若今日台湾社会令人惶惑不安的食品安全事件连环爆。当时,主妇联盟环境保护基金会的消费质量委员会的一群妈妈,开始认真思考生活的另一种选择,于是积极酝酿发起共同购买运动,要让消费者保护运动脱离总是在伤害造成后才求偿的消极思维,更积极地追溯源头,介入生产、消费到废弃处理,进而预防食品安全事件的发生,达到保护环境的目的。

翻阅主妇联盟20年前的《生活者主张》期刊,泛黄的纸页上记录着1993年首次共同购买的过程:"1月11日到15日接受预约,18日到20日配送。过程尚称顺利,唯配送期间适逢农历年前交通繁忙期,又是第一次配送,发生了爆胎、车子中途故障等意外,使得区区40处配送点,共花了三天才送完。总结,这次共买了214包白米、88包胚芽米、488盒一公斤装葡萄、432盒三公斤装葡萄,分别配送至40处。"(《生活者主张》第二期,1994年2月)

共同购买初期,主妇娘子军义无反顾地投入产品开发。为了寻找安全的米,主妇们直接走进产地碾米厂,也才吃惊地发现，原来市面卖场所充斥的各种品牌的米，根本就是一场骗局。在宜兰某一家米厂里，消费者要的"西螺米""池上米""金墩米"……全都在这里填装出品，米厂里堆放着台湾各地各种品牌的米的包装袋，主妇们吓了一跳："天呀！原来我们在大卖场所看见各种品牌的米，根本就是换袋不换米。"

好不容易找到了愿意配合减少农药栽培的农友，主妇联盟这群妈妈号召了100多户家庭，进行了第一次米的共同购买。因为消费者反应不错，吃完第一批米之后，主妇们决定再向农友续订一批。或许因为认真买米，参加共同购买的家庭也格外用心品尝，吃了第二批米之后，陆续有成员反映："怎么和第一批米不太一样？"同样的反映愈来愈多，共同购买的伙伴于是向农友询问两批米究竟有什么差异？在这些妈妈们锲而不舍的追问下，农友才回应："没想到你们会买那么多，我的米用完了，就从别人那儿调了一些。"

中国台湾地区加入WTO之前，台湾当局限制进口稻米，"混米"是业界公开的秘密，只不过混的都是台湾米。加入WTO之后，不肖商人为了获取更大利润，即以进口海外低价劣质米混充台湾米，2013年爆发的泉顺粮商混米事件便是如此。当年，这群共同购买先锋主妇们实地走进生产现场，对于"混米"乱象，上了宝贵的一堂课。

也因为有了如此直接的现场学习经验，主妇联盟更加坚定地确立几项原则：一定要认识农友生产者，因为这些人是菜篮子安全的一线守护者；生产栽种有其限度，有多少地收多少量，农友绝对要诚信正直，有就是有，没了就是没了，缺货和有限度的供应也是消费者要有的认知；如果消费者只要求便宜的价格，那么黑心造假的食物就绝对会层出不穷。

稻米是共同购买最早的品类，产品开发的过程，则是从减农药栽培到有机米种植，这个过程历经波折，最后才有目前较稳定的产品供应。20年前，不仅有机的观念不普及，有机栽培与现今已成一股潮流或风气也有天壤之别。主妇联盟要求农友依循有机农法耕作，是当时极大的挑战。参与稻米开发多年的施宏升表示："农友不仅要面对生产风险的压力，还要承受邻居异样的眼光，因为一般农友普遍认为，有机栽培的农作物是害虫躲避农药的避难所，所以邻居会'很好心，顺便喷除草剂'，以免害虫躲藏其中。"因此，如果没有相当程度的认同，以及产销之间的协调，农友很难长久坚持下去的。

台东关山电光村的农友罗仁志，是主妇联盟最早的有机米契作农友。与罗仁志的合作契机，是源自台湾大学园艺系郑正勇教授和林碧霞博士的介绍，因为罗仁志的妹妹当时担任台湾大学园艺系研究室助理，罗家所在部落的村民世代种植稻米，日本侵略台湾时期用来进贡天皇的贡米，就是来自这个小部落，于是林碧霞博士将罗家介绍给正在寻觅优质米的共同购买中心。

电光村因环境良好，所以稻作虫害少。共同购买中心所提出的不可使用农药和化肥的这项基本要求，在这个地方都容易做到。但是，当时共同购买中心的需求量太少，只能维持五分地的契作。于是，罗家就必须以不同方式管理这五分地，包括：请求邻居不要在田埂上喷除草剂、风大时不要喷农药，收成时，还得负担库存和碾制工作。和共同购买中心区区五分地的合作，却造成了罗家人大大的困扰，罗仁志必须不断担负说服、协调的角色与压力。

感受到农友的付出，当共同购买中心首度有结余，一些平日不支薪的共同购买成员终于有机会领到第一笔小奖金，有的草创前辈就用这笔奖金做了更有意义的事。林碧霞说："罗家种得出有机米，碾米却是问题，我偷偷用这笔钱买了一部小型碾米机送给他们。"推动共同购买，生产和消费两端彼此的体贴，就是在现实的困境中一点一滴互动出来的。2003年罗仁志因病过世，虽然原本契作的稻田又回到惯行耕作，但罗仁志陪伴共同购买走过的这一段历程，已留下美好的一页。

支持小农的真谛

当有机米农的生产发展出不同的规模时，小型产销班和大型产销班也会因碾制设备有别，影响社员对于最终产品的购买意愿。白坤山，草屯镇有机米产销班第一班班长，是主妇联盟合作社早期合作的有机米农友之一，也是"活到老、学到老"，经验老到的资深农友转型投入有机耕作的先锋。

草屯农会最初在推广有机米时，主妇联盟通过与农会的沟通，指定了白坤山为合作对象，并由农友自行仓储和碾制。这个12个人组成的产销班，为了避免有机米在碾制过程和其他良质米相混，更为了确保消费者吃到干净、健康的有机米，白坤山和班员添购了有机米专用碾米机。不过，因为有机米生产能力较小，所购进的碾米机属于中型机器，没有色彩选别机，也没有洗米机，和大型碾米厂银川、东里相较之下，碾出的米中碎米粒、杂色粒和粉尘都比较多。如果社员对农友没有足够的认识与信任，选择产品时，通常就会"考虑外貌"。

　　有段时间，主妇联盟合作社的有机米供应以赖兆炫和白坤山两位农友为主，但常会出现社员指定要赖兆炫的米。2007年7月，白坤山的米出现了滞销现象，有一天，老人家一大早9点出现在合作社三重总社，急着要和产品部讨论该怎么办。

　　白坤山的主动发声，让主妇联盟意识到，社员对农友生产者的了解显然不足，也反省合作社对于支持小农的初衷，真正做到了吗。于是，通过《绿主张》月刊、周报和网站，主妇联盟再次向社员沟通说明，并且发起社员买米写卡片问候白爷爷的活动，重新提醒并呼吁大家去认识一位老农坚持做有机栽种的心意。这些行动让原本滞销的米在几个月内就供货完毕，社员以实际买米行动展现了支持小农的力量。这也证明了"共同购买的精神"需要不断提醒——提醒社员，要做个不一样的有意识的消费者！

　　年事已高的白坤山在2010年不幸中风，合作社理事和产品部职员经常不定期地前去探访。曾担任产品部专员的庄俊彦说，中风初期，老人家心急着要赶快好，一看到合作社伙伴，就直掉泪。为了让老人家有康复动力，产品专员和白爷爷约定，2011年主妇联盟合作社十周年庆的活动，要邀请他担任神秘嘉宾。白爷爷果真为此认真做康复运动了，但十周年庆当天，却又婉拒参加，因为他想以健康的模样和社员们相会。

　　因为米，白爷爷和社员有了难以割舍的牵挂，虽然他无法再供货,也不常和社员见面了,但在偶尔的对话中,仍会想起并彼此祝福。在这里,农友真挚对待社员,社员也感念农友的辛勤付出,农民诗人吴晟的一首《水稻》诗道出了农友种稻的辛劳:

> 风雨怎么凌迟
> 虫害怎样侵蚀
> 不可信赖的天空
> 怎样以多变的脸色戏弄
> 吾乡的人们
> 千年以来,吾乡的人们
> 怎样默默挥洒
> 费尽思量的汗水,滋润你们
> 并以怎样焦虑的深情
> 殷殷勤勤地呵护你们
> 而你们却无暇去思索、去议论
> 千年以来,一代又一代
> 你们的根,艰难地扎下土里
> 你们的枝枝叶叶
> 安分地吸取阳光
> 当镰刀和打谷机,开始
> 忙碌地合唱
> 鸟仔在你们的头顶上
> 兴奋地飞翔

只有你们明白

每一粒稻谷，是多少辛酸结成。

从一包米开始，共同购买已走过20个年头，有老农凋零，也有新米农加入，更有米农二代以守护台湾田地为职志——屏东米农沈福来一直坚持水稻和红豆轮作，保护地力；蔬菜农友陈庆辉和苏荣也力行蔬菜和水稻轮作，一来调整地力，二来增加合作社所需要的加工用米；新加入的玉里农友曾国旗，不仅把水稻、大豆、小麦进行轮作，还将农场里的稻谷米糠制成有机肥来使用，更连续五年在当地小学开设"有机学校"课程，让即将毕业的孩子下田体验，并利用半年时间观察稻作的生长，最后在毕业之际欢庆收成。曾国旗说："期许有大地的爱温暖孩子，日后无论孩子走到哪里，依旧会记得自己的故乡。"

从一包米开始的共同购买，不只是要让消费者碗里的米饭，粒粒皆安全，更是一种支持小农和土地的心意与行动。共同购买支持农友以善待环境的方式有机栽种，给消费者提供安全的食物，照顾环境的健康，确保农地的存在，更确保台湾粮食自主的能力。

富里赖兆炫："米乐无为"，有机即生机

看见，是信任的最前线。电话里，花莲富里有机米第二产销班班长赖兆炫和夫人梁美智常会问起："合作社什么时候再带社员来呀？""上回为了收割而买的镰刀，合作社只用一次哟！再不来，刀子要生锈了。"或许，真正要表达的，恐怕是朋友般"再不来，都要生疏了"的企盼。

与主妇联盟合作已超过十年的赖兆炫夫妇，从1996年开始试种有机稻米，班员从三人到现在已超过百人，有二十多岁的年轻人，也有八十几岁的资深老农，不论是赖兆炫自己或是班员，对于有机栽培和生态保护都各有不同的认识。外出演讲时，赖兆炫喜欢分享田间观察，对于田间生物如数家珍："我一定要和大家分享最美的水稻田，看到没？稻叶稍末处结满了好多好多蜘蛛网，这是农人大清早到田间才独有的礼物。"

"这是三四十年前农村田里常见的白腹秧鸡，在水田正中央筑了巢！"虽然白腹秧鸡筑巢时会把田里的秧苗咬下来，但赖兆炫还是很开心地每天记录，从一颗蛋到五颗蛋，他都一一拍下。

对班长赖兆炫"米乐无为"，有机即生机，不但要照顾人的健康，更要照顾周边生物的态度的耳濡目染，班员们对于过去除之而后快的各种田间小生命，开始用另一种眼光与态度接受。班员们能够忍受稻叶被吃得精光，不会只是想到如何除蛹；收割后晒田，看见田里才长出两只脚的小蝌蚪，会不忍心放光田里的水，总是先留着水，等蝌蚪长齐四只脚变成青蛙后再晒田！

"有机经营的重点是在生态。"赖兆炫历经初期不断寻找替代资材、替代方法防治病虫害,最终体认到,如果不摒除对病虫赶尽杀绝的观念,无论换哪一种方式,终究只是将农药换成有机资材而已,而这和惯行的栽种方式根本没什么不同。多年下来,赖兆炫总是语意深远地说:"有机栽培其实是有一个心灵门槛呀。"

目前,赖兆炫经营了300公顷有机水田与21公顷有机梅园,因为使用的是善待环境的耕作方式,每年可阻绝2400升农药进入农地。此外,他也自设有机米专用碾米厂,让栽种、生产加工到成品包装流畅串起。

因为赖兆炫和班员的共同坚持,主妇联盟合作社在2014年首度与赖兆炫契作50公顷稻田,并且让社员以实际的"每天多吃一碗饭"的行动,呼应农友在生产端守护土地的行动。

三星陈文连：水稻与鸭子共栖生产

不同于富里赖兆炫的大型产销班，主妇联盟合作社合作的另两位米农——宜兰三星的陈文连、陈晋恭父子的产销班则属于小型产销班。随着合作社有机米的需求量逐年增加，2004年4月到6月，就开始有缺米问题产生了。于是，到2005年，主妇联盟合作社就开始积极寻找新的有机米，稻鸭米就这样成为合作的新产品。

稻鸭米的田区独立，主妇联盟合作社以契作方式和稻农合作，确保供应社员所需的食米用量。到了2013、2014年，展开稻鸭米预购，社员估算自家所需用米数量，预先缴费，等稻米收成后，再分批取货。在2014年，因为有机渠道严重缺米，社员对于安心米的需求更显迫切，所以开放预购登记的三个星期时间，15000包（每包三公斤重）稻鸭米，竟然不到三天就被抢登记一空。

位于三星的稻鸭米田区，因兰阳平原所处纬度及气候条件，水稻栽种只有一期，陈家运用水稻与鸭子共栖生产的自然农法，以不使用农药、不施用化学肥料的耕作模式栽种。稻鸭和谐共生的方式，不仅省下了"人力"、免了"药力"，放养在水田间游来游去的鸭子的排泄物，因含有丰富有机质，也成为水稻的最佳天然养料。不吃禾本科植物，却爱啄食田中负泥虫、螟虫、稻苞虫、福寿螺等让农人伤脑筋的昆虫及杂草的鸭子，更是理想的田间管理好帮手。放养在田间，充分运动的鸭子，肉质香甜有弹性,也可以供应社员成为桌上佳肴,可谓一举数得!

除了田间农事,因为主妇联盟合作社的关系,稻鸭米农也和日本生活俱乐部生协的稻农"JA庄内绿农协"在2013年有了交流观摩的机会。当两地的农友相互认识之后,"JA庄内绿农协"的佐藤先生会不定时来信问候合作社和稻鸭米生产者,若得知台湾有台风,也会特别来信询问水稻的生长状况。稻鸭米生产者要购买设备和机械,也会请日本农友推荐或询问参考价格。领受到日本农友的热情,陈晋恭也和主妇联盟伙伴前往日本拜访了"JA庄内绿农协",观摩考察他们的稻米加工、储存,以及米食加工的设备,要在稻米加工利用上尝试新的开发。

富里宋鸿琳：实惠无毒的良质米

除了有机米之外，主妇联盟合作社还有由东里碾米厂所供应，合作历史更悠久的"良质米"。

东里碾米厂负责人宋鸿琳曾说："富里乡境内几乎没有工业、工厂的污染。若要说有工厂的话，那也只有碾米厂；若要说有污染，那也只有碾米场所制造出来的天然污染物粗糠、米糠而已。"如今米糠已用来当作饲料或肥料，而粗糠则用来燃烧干燥稻谷，也可以用来改良土壤，几乎是零废弃。

在共同购买早期，台湾的有机栽种也才刚起步，要找有机米并不容易，所以是从减农药栽培的米找起。宋鸿琳说："因为了解合作社的需求，特别选择丘陵区用药较少，甚至不用农药的米留给合作社。"东里供给合作社的米，生长在隐秘的山区里，那里仿佛世外桃源般，稻田旁的阿眉溪，流水清澈见底。当地的生产者大多世代生活在这里，几乎不用农药或化学肥料耕作，而是用自然的方式栽种稻米。

东里碾米厂历史悠久，但厂内设备却新颖且齐全，也使用了大型碾米机、色彩选别机和洗米机，和银川有机米的加工系统旗鼓相当。对于购米需求量较大的家庭来说，良质米价格相对实惠，因此，东里也一直有着稳定支持的社员存在。

买一篮有感情的菜

买菜——还不简单？！而且，不论是传统市场买菜送葱的人情蔬菜，或超级市场整理完善的规格蔬菜，或有机商店标榜有检验、有认证的蔬果，或小农市集农友直销少量多样的菜，每一种购买都各有风情，随意逛、开心买，就是挑选自己和家人喜欢的东西。但，随着市售蔬果农药超标、有机蔬菜检出农药等新闻不断传出，消费者开始大叹："到底要吃什么？到底该向谁买呀？"

每当有关食品安全的新闻出现，主妇联盟合作社就会突然涌入一批心慌的消费者想要入社。但是，听到要先参加入社说明会、要交纳入社股金，还要每年缴年费，有些等不及的人会问："买个菜，有必要这么麻烦吗？"

是的，有必要这么麻烦吗？——偶像日剧不是常有"以结婚为前提交往"的桥段，如果把这篮菜也当作长久交往的对象，这对象是否童叟无欺？是否诚信正直？是否照顾农友？花些时间好好了解一下，应该也是必要的吧？！主妇联盟合作社有一篮麻烦但可贵的菜，这篮菜和台湾的有机农业推动有关，和保护环境的蔬菜减硝酸盐运动有关，更是对消费者计划购买、允诺农友计划栽种的协力支持。这一篮菜装了风土、装了人情，还装有一群女性用菜篮子关心家人、照顾土地的理想。

一篮菜的主妇谈

家里要吃的菜由别人配好,不管你爱不爱就送过来——这经验,很多人都是参加了主妇联盟共同购买后才第一次遇到。共同购买运动发展至今,就是志在推动台湾的有机农业和善待环境的耕作。20世纪90年代初期,全台湾只有少数农友愿意栽种有机蔬菜。因此,如何找到一群支持者愿意购买、持续购买,借以支持农友持续种下去,这是关键。

共同购买运动发起人之一林碧霞,多年来,一直辅导并陪伴合作社合作的农友。当年,她自己家中的餐桌可也是充满紧张的气氛的。在共同购买运动15周年活动上,林碧霞博士说了一个小故事:早期她曾花了180多元在"共同购买"买了一个又大又老的蒲瓜。回家一切,里头竟黑了一大半,但她还是努力想办法把它煮好端上桌。没想到家中的老爷子吃了几口,就把筷子一丢:"以后共同购买的这种东西,不要再买回来了。"这老爷子也就是后来合作社推广有机农业的大功臣——郑正勇教授。多年之后,故事重提,郑正勇教授也幽默响应:"以后不会再丢啦。"如果没有发起者的坚持,没有一群消费者愿不计代价,力抗家中先生和公婆的不理解,傻傻地支持最初那满布虫洞的蕾丝边菜,让生产者和消费者两端相遇,共同购买的菜篮子就不可能出现。

事实上,就是郑教授的筷子这一丢,成为共同购买进步的动力。将近20年,郑正勇和林碧霞夫妇在每年农友大会上,不断鼓励和指导农友如何种出健康有质量的蔬菜。每当简报播放出产品部所搜集的、农友一年来反映的问题菜的照片时,两位顾问看着照片,就可诊断出问题:"这是缺硼……""这是缺镁,所以……""这是采收后没有预冷……"农友就在这不厌其烦的叮咛中逐年进步。

不过,社员从接受到喜欢一篮菜,也是需要时间磨合的。高雄社员黄慧芬说:"一篮菜的设计,有种被强迫的幸福感。"就像妈妈对子女的爱,哪儿顾得了是不是美味可口,只要是健康的、营养的,就会一股脑儿塞给你。家人都喜欢的菜,黄慧芬就随便煮,如果是不爱的食材,她就要追着站务人员问清楚该如何料理,以巧妙烹饪骗过家人。慢慢地,她发现家人讨厌食物的次数愈来愈少,对食物接受度愈来愈广,这都归功于"一篮菜"的潜移默化。

主妇联盟合作社的服务方式多样,可以到站所购买、组班配送,也接受个别配送。早期还未成立站所的年代,班长是共同购买的灵魂人物,也是订购一篮菜的忠实支持者。1998年就开始组班订菜的汐止班长黄贵美说,十多年来,这一篮菜让她觉得获益最大的,就是"节省时间、改善家人挑食习惯、不担心菜价高涨、节省家庭洗菜用水",果真是老班长,一语就道出这篮菜的无形价值。

不论是烈日天还是寒风天,主妇们不用再提着菜篮在市场里来回寻找、苦思要买什么菜,真的可以节省许多时间。此外,很多家庭主妇一上菜市场,就很难控制自己的手和脑,总挑自己认得或家人喜欢吃的菜,如此一来,菜篮里永远是那几样蔬菜,家人的挑食习惯也难以改变。每到台风季节,菜价随风雨的到来暴涨，抢收的菜又有风险，然而主妇联盟的菜价公开、透明、稳定，并不会因台风导致缺菜而飙涨。职业主妇要快速准备家人晚餐，如果可以节省洗菜、备料时间，就会有很大帮助。黄贵美说，合作社的菜是在友善的环境下栽种的，不用担心农药残留问题，稍微冲洗干净即可，省水又省时。

一篮菜随着四季会有变化，近几年合作社也因应社员家庭人口数变化而有调整。合作社依每天新鲜到货的种类，组合七至十二样蔬菜，包括叶菜类、瓜果类、根茎类等。曾有社员抱怨不预订买不到菜，但如果预订了，一家只有两口人，又会煮不完。为满足社员需求，一篮菜开始分为大组A菜（八至十样，约500元）和小组B菜（四至六样，约300元），可供选择，单身或不常开伙者，也可以从袋装的散菜入门。目前就读世新社会发展研究所的黄亭乔说："做便当很有趣呢，每天写菜单，想着要怎么搭配，要在主妇联盟买或向市集小农买菜。"因为去过产地，了解农友生产者的用心，黄亭乔更认真煮饭做便当了，即使下课回到家已是晚上9点多，对于此时才开煮的深夜食堂，她依旧乐在其中。

农友的菜园心事

共同购买，就是找一群人挺一群人，除了需要有自觉意识的消费者，也必须有意志坚定的农友生产者。一篮菜里，不只是蔬菜水果，更装着农友给社员家人般的心意。

彭康伟，20世纪60年代出生，高中时便立志要当农夫的稀有人士，也是共同购买的先发农友。因为把社员视为家人，所以把最好的菜都留给合作社。彭康伟曾自信地说:"给主妇联盟的菜,是甜的菜。我可算是合作社的重要生产者,夏天种番茄、瓜果,秋天种大叶菜、青花、高丽菜、结头、白菜、白萝卜……"

不过,当合作多年的诚信农友遇上农药残留检出事件时,即使事件终了还他清白,伤害还是已经造成。2004年3月中旬,彭康伟的包心白菜检出二硫代氨基甲酸盐微量残留,合作社马上停止他所有产品的进货,展开全面调查和二次采样。事后检验单位发现,这是十字花科蔬菜本身产生的硫化物,并非农友用药,因而也促使检验单位制定新的标准,降低误判,力求避免导致农友损失。然而,在厘清问题的过程中,对农友人格的怀疑、商誉和产品的损失等,这些有形、无形的伤害,不是身历其境的农友,大概无法体会个中心路历程。

在2005年初,主妇联盟合作社举办的农药检验残留座谈会上,昏暗的会议室中,彭康伟缓缓道出一路走来的心境。为了证明自己没有用药,他送检十次,到最后,检验单位甚至不收取他的费用,还帮他卖菜。讲到激动处,彭康伟眼中泛着泪光,说了一句:"希望主妇联盟这个团体可以让农友有回家的感觉。"也因为经历了这样的事件,合作社重新思考"检验"的意义——检验不是用来判定农友生死,不是用来向社员拍胸脯挂保障,而是把关的再确认,协助发现问题、解决问题。

王宗益,20世纪60年代末人,有张黑到发亮的脸庞,他笑称自己务农后,满脑子想的都是田间事,几年下来,顶上三千烦恼丝愈来愈少,所以看起来比实际年龄成熟许多。因为曾经在乡公所农业课上服务,王宗益常需要跑田间视察。亲身经历乡下人家地瓜收成时,左邻右舍的换工帮忙;因午后雷阵雨,大家抢收晒谷场的稻子……那种人与人之间的单纯互动、踩在土地上的踏实感,就像田埂上的脚印般深深地烙在他心底。看着每日三餐所需来自农业,但农业的价值和生存空间却一点一点流失、消逝,大约十年前,台南新市乡可耕种土地面积尚有2000多公顷,现在却只有200多公顷,大部分农民都在领休耕补助了。在某种生命意识的召唤下,王宗益在1996年开始加入有机耕种行列,同年底参加桃园农业改良场有机栽培管理班,他的农产品在1998年取得台湾财团法人国际美育自然生态基金会(MOA)的有机产品认证。

农友一开始投入有机耕种,最大的困境就是不知消费者在哪里。王宗益说:"刚开始又要栽种,又要找渠道,真是辛苦。"找乡公所同事帮忙、同行农友介绍、超市挨家拜访,渠道才渐渐打开。有一天,朋友介绍了台南分社前身——"绿的关怀协会"的董雅坋来访,2001年,王宗益开始供应合作社蔬菜。

"农场是我的战场,一定要奋战到最后一刻。"这是王宗益的主张。2005年11月的《绿主张》曾刊出他一篇《耕耘偶书——SOS,我的菜园快沦陷了》,王宗益最后果真被虫虫大军打败了,努力到最后仍无法挽回,苦闷的心情就只好通过"耕耘偶书"来排解。

菜虫灾害还可防范,遇到人祸,才真是让农友从心底发寒,但他们依然决心奋战。2008年,湾宝社区收到一纸土地征收公文,苗栗县政府计划征收后龙镇360公顷土地,开设后龙科技园区。这让从2002年就转型做有机生态村的湾宝社区的村民们感到不可思议——划为特定农业区的良田竟然要被毁弃！农友张木村、洪箱夫妇和村民随即投入了一场历时三年多的抗争行动。

洪箱说："官方实在是太欺负农民了，从来都没问过我们，怎么可以有一天就忽然要来征收，这是我们世代生长的土地耶！"为了表明反对设立后龙科技园区的立场，湾宝居民组织"反对后龙科技园区自救会"，担任社区发展协会理事长的洪箱在自救会中担任组织干部的角色。

在这个过程中，丈夫张木村身体状况不佳，苗栗县政府又不时耍手段，压力大到临界点时，洪箱说："清晨4点多，我在田里放声大哭，我问老天爷还走得下去吗……"哭完，风吹干了泪痕，农地上的女侠洪箱依旧在田地里劳动、送西瓜到合作社、到台湾行政事务主管部门和内政事务主管部门前抗议、参与凯道夜宿行动，一步一步继续前进。

主妇联盟合作社也在2009年站出来挺湾宝，合作社和基金会历任的理事主席及董事也都到台湾内政事务主管部门前的抗议现场声援，北部社员、职员在湾宝北上时，共同参与每一场抗议，为的就是让农友知道"主妇挺湾宝"。历经12次北上抗争，2011年4月11日，在台湾内政事务主管部门前得知后龙科技园区开发案被驳回时，许多到场支持的理事、社员和湾宝居民一同喜极而泣，这是迟来的正义，也是湾宝应得的骄傲。

农友的菜园心事，是和老天爷的对赌，是在检验之间的思辨，以及和轻农、贱农的不当政策的角力。心事无论输赢，但参加共同购买的农友以自己的身份为荣，并且就如王宗益所说:"农场是我的战场,一定要奋战到最后一刻。"

在农场到餐桌往来的路上

如何让餐桌前的社员话语、农场里的农友心声彼此听见、彼此明了,是主妇联盟合作社搭起共同购买这座链接平台的终极目标。更精确来说,几位具备园艺、化学、农业等专业背景的女性——翁秀绫、林碧霞、谢丽芬、黄淑德等人,在20年前有机观念陌生、政经环境不友善的大环境下,披荆斩棘打开了一条从农场到餐桌往来的路。在这条路上,她们以独特的女性关怀视角,也以农学专业和主妇实务,为共同购买运动确立了"与农为友,务实解决问题"的态度和行事风格。

主妇联盟合作社与农友的合作,不是单凭产品的检验结果来判断,而是要到现场实际观察,了解农友的栽种理念和做法。有些农友自称有机栽种,但园子里使用的资材可能并非如此。林碧霞博士曾和产品部同事一同访视中部栽种草莓的农友,看看农友的田间作物和杂草是不是真的实行有机栽种。结果一目了然。

共同购买最初是和三芝农友合作,林碧霞和翁秀绫在现场随即发现,农村劳动力缺乏,农家采收后,没有足够人力可以分装。于是,几经讨论、研究后,设置了一套理菜包装机制,也提供了合作社里更多妇女二度就业的机会。

农业,完全是看老天爷脸色的行业。在三芝地区,当冬季东北季风一来,种下的蔬菜很难存活。岁末,人人都想安心过好年,但农家没菜采收就没收入。为协助农友走出困境,林碧霞博士看见农家会蒸发粿,于是就请农友江花香为合作社做发粿。那发粿是农友用瓷碗一碗一碗蒸出来,而不是一般市面所见的粉红塑料碗!农友再一颗一颗包装,每六颗装进一个大红水果纸盒里,江花香说:"没有发的,不能放进去,这是对社员一家来年的祝福。"当社员拿到六颗放在大红水果纸盒里摇滚的发粿,都忍不住会心一笑,因为这可是农妇独有的创意呢。

是麻烦的菜,还是感动人的菜

由共同购买行动发展扩大到主妇联盟合作社,最大关键是生产者、工作人员、社员愿意共同承担,并且包容无数"可贵的麻烦"。合作社之所以有一篮菜的诞生,也是为了将农友种出的所有蔬菜有效分配,林碧霞博士说:"共同购买早期配菜,不管多少,工作人员都会想办法配。现在的工作人员是否还有同样的心呢?"

林碧霞博士也常鼓励农友要种"大菜",因为生长完整的蔬菜,才能够营养、风味俱足。2013年农历年后,农友陈碧郎送来一批八斤重的大芥菜,但因为已是年后,社员对于自行烹煮大芥菜的意愿不高,200棵大芥菜最后还是交给农友自行处理。得知此事后,林碧霞直叹可惜了这么好的大芥菜,而且马上提出建议——芥菜鸡是常见年菜之一,社员也会有需求。但八斤重的大芥菜对一般小家庭社员来说,可能超过需求,甚或不知如何处理。如果可以在过年前请养鸡的农友协助,煮好全鸡拜拜[1]用,再用鸡汤熬煮芥菜,或请生产者协助加工,就会成为合

---

[1] 编者注:台湾风俗,每逢佳节或祭神日,大宴宾客,俗谓之拜拜。

作社最有特色的年菜之一，并开放让社员预购。

从对一棵大芥菜的讨论和思考，我们可以看出林碧霞博士心中总有农友问题和社员需求，并以解决问题的热忱让生产、消费两端互惠。也就是在这样的思维下，各式"麻烦"的菜都可以变身成为合作社的特色菜——过时大芥菜可以变为芥菜鸡，盛产蒲瓜变身蒲瓜水饺，退役蛋鸡加上老菜脯可以做成风味菜脯鸡……在从产地到餐桌的漫漫长征路上，一篮菜的人情故事说都说不完……一篮有感情的菜，让生产、消费两端的距离不再遥远，拉近了彼此的心；一篮安心的菜，也是食不安心的恐慌中，最安心的依靠。

吃猪这门课

"妈妈,快点!快点!我要金黄热狗。"站所里,一位年轻社员带着儿子,只见小朋友识途老马般,一边推着菜篮车往冷冻肉品柜快步走去,一边喊着。社员妈妈不疾不徐,一边从口袋掏出购物清单,一边说着:"别急,我们要买的可多了,爷爷和爸爸想要五花肉,奶奶要龙骨和绞肉,姐姐要火腿,妈妈帮你们做便当需要肉片、香肠和猪排……"当妈妈开始自冷冻柜取出各式所需肉品,小朋友又撒娇地问:"那可以再多一包贡丸吗?"妈妈也大方地说没问题。满载的菜篮车,小朋友推不动了,改由妈妈接手。结账时,妈妈问起站务员:"每次碰到拜拜,婆婆需要'带皮'牲礼肉,都得另外去传统市场买,合作社现在供应带皮肉了吗?"

主妇联盟合作社早就想到啰!应主妇日常生活拜拜的需求,历经几年和猪肉生产者信功实业沟通,2013年中元节,就开始供应主妇们拜拜所需的带皮五花肉了。这就是合作社的共同购买——消费者不是只能被动接受生产者所提供的产品,而是可以进一步请生产者依照消费者的需求制作产品,年节拜拜用的牲礼肉,正是呼应主妇们特有的需求。

99分等于0分,信功的坚持

根据台湾农粮事务主管部门统计,台湾人每年的稻米食用量逐年下降，2013年已低于45公斤，但猪肉的食用量却是年年上升，每人一年的平均食用量已达30多公斤。庆幸的是，猪肉是台湾目前自给率较高的肉类，许多人可能偶尔会在高速公路上看见运猪车，可能闻过独特的气味和听过猪仔尖锐的叫声。但是，关于吃猪肉这件事，爱吃猪肉的台湾人可曾认真思考过，猪肉从哪里来，大猪小猪如何被饲养，屠宰和加工又如何作业，配送又是如何呢。

带领社员参访，回溯餐桌到产地的生产实景，并与生产者面对面了解食物来源，就是主妇联盟合作社例行的重要事务。然而，因为肉品的加工制作不像一般田间农作，可以随时去参访，主妇联盟合作社除了办理大型的安全肉品座谈会，还会排除万难，安排社员到猪肉供货商信功，进行猪肉共学之旅。

信功是台湾第一家落实产销履历的工厂，猪均来自固定的契约牧场，合作的牧场必须遵守一定的饲料、饲养、预防注射、用药规定，每头猪从饲料配方、品种、疫苗接种、接种时间、注射部位到成长状况，也都必须有翔实记录。这可都是有"身份证"的猪，一旦发生任何问题，就可以追溯到底是哪个环节出了问题。

信功对于环境卫生的要求，也可以说近乎苛求。所有人，包括工作人员、访客，一踏进厂区，就必须戴上口罩、量体温，如果要进入分切区、加工区，就像要进入科技业的晶圆厂，必须换上无尘衣，也难怪有人形容："信功是肉品界的台积电。"

运输大不同：养猪200日的最终考验

这样层层把关的信功肉品，到底有什么不一样？可以从猪进厂的作业处理程序说起——来源清楚、有"身份证"的猪，在运输上当然不能马虎。信功实业董事长杨博元认为："养猪200日，不当运输毁于一旦。"因此信功在运输对策上，更花心思，并且考虑了动物福利的安排。信功把"运输对策"也纳入了产品质量管理范围。本身是医师的杨博元观察到，一般传统市场为了节省运费，一台车常常载了很多猪，在运送过程中，因为推挤颠簸，经常造成猪打架或晕车，猪的肌肉因此会累积大量肌酸，有时甚至会造成紧迫死亡。业者也心知肚明，为了减少损失，所以在猪下车后一小时内，就会尽快宰杀，猪肌肉里所累积的肌酸，当然就大量残留在肉里面了。不只肌酸，消费者也可能会吃到猪因紧张而分泌的过量荷尔蒙。

因为对运送的讲究，所以信功的工作手册会记录每个牧场送猪过来的里程数、运送的司机姓名、运送所需时间，杨医师甚至会严格规定"司机必须保持每小时50公里的速度"，这是为了让猪旅程舒适，也避免司机的急刹车、急起步造成猪因紧迫缺氧而产生有害的代谢物。

信功以较高成本支付运费，减少每台车的载运数量。每天早上，运猪车会由厂区侧门进入，全车经过弱醋酸消毒后过磅称重，然后猪被赶入检疫系留栏等待检疫。此时，驻厂的兽医师会逐头检查猪，确定每一头猪都是健康的才放行。在这个过程中，如果疑似带病源的猪被检出，原运输车及所有猪就必须原地停留，工厂通知动物检疫局派员前来检查，确定安全的车才能进场，否则就是退回牧场，或是原车载出销毁。

检疫过后的猪会由专车运往屠宰前系留栏，猪会在此停留

18个小时,一方面是稳定猪的情绪,另一方面也再持续观察猪有没有疑似带源发病的可能。屠宰前还必须再让兽医师逐头检验才能宰杀。此外,因为猪是来自契约牧场,宰杀每一批猪前,信功还会事前预宰数头,进行疾病的快速筛查检验,检验合格后才进行整批屠宰。

屠宰分切控管:兼顾动物福利和人道考虑

经过重重把关和再确认,对这些来到电宰区等候被宰的猪,杨医师依然坚持"猪要在放松状态下走完最后的路程"。这样的动物福利和人道考虑,是通过空间设计和辅具来进行的——由系留区走进电宰场的猪所行经的路径,在设计上刻意保留了一定宽度,猪可以从容、乖顺地向前行走。在电击区墙面上,有母猪吃饲料的图片,让猪以为自己是回到了另一个群体,而愿意主动进入屠宰区。随着铁门下降,宰杀的声音和气味都会被隔绝,让铁门外系留区的猪不受影响。

电宰区铁门内,工作人员在猪耳后部电击二到三秒,待其被电昏失去知觉后,进行倒吊刺喉放血。随着生产线的推进,猪会依序经过去尾、取内脏、剥皮、去头、对半分切的步骤。在这个过程中,驻厂兽医师还会检查取出的内脏和淋巴腺,再次确认猪的健康状况。最后,分切好的屠体还要反复经过九次冲洗,才进入预冷室,等候后续的分切和加工。预冷12个小时,是为了防止肉毒杆菌滋生,作业现场的温度和湿度也被严格控管,"我们是在跟微生物赛跑,让微生物没有滋生的机会"。这是杨医师对自己工作的批注。在台湾地区公营猪买卖市场的屠宰分切系统里,有些屠宰场和分切场地并未区隔,有些分切甚至在血水、粪便和污水横流的地面进行,肉品卫生堪忧。

食品加工管理:严格分区分色控管

在信功厂区内,冷冻冷藏肉的分切与加工制作熟食品区严格区分,不同工作区的工作人员也着不同颜色的衣、帽和鞋子,分色管理。工作人员出入不同区域,必须更换工作服,并彻底以皂液、酒精消毒并到除尘室除尘,一切动作均由电眼监控。工作人员不得无故跨区走动,吃午餐也分区,所以在信功,单是员工餐厅就有五间。

因为坚持"产品质量管理99分就等于0分"的信念,信功自设的实验室有多项检验能力,信功也是台湾唯一由厂品检员进行瘦肉精快速筛查检验的公司。实验室检测项目包括抗生素、微生物、防腐剂、营养组成分析,以及污水检测。此外,制作完的成品还必须经过X光机及金属检测机的检测,确认无异物混入。信功这样层层把关再确认,无非是希望消费者可以吃到安心、安全的食物。

做出安全食品,比当医生更有力量

面面俱到,坚持这一切的关键人物——信功实业董事长杨博元,在厂区内,员工总称呼他"杨医师",外人乍听,可能会误以为他是厂内的兽医。事实上,未接管信功之前,杨博元是位内科医师,在日本的大学医院从事内科临床研究。1986年父亲创设了信功实业,希望他放下日本的工作,返台协助经营。原本他以为只要协助工厂上轨道即可脱身,没想到这一待就是20多年。

要脱下白袍、放下身段来杀猪,杨医师也经历过一段长时间的思考和内心交战。在白色巨塔内,妇科医师有迎接新生儿的喜悦,外科医师将病人患部切除就可以使其恢复健康,但内科和癌症医师却是面对失望居多,大部分时候,只能用一堆药物、仪器推迟病情恶化,杨医师觉得身为一个内科医师真的很没有成就感,也自问医师能有多大力量,其实很微薄。

百转千回的细思量后,杨医师有了不同的领悟:"我觉得真正伟大的医生应该是从预防医学开始,食品是很重要的,我那时想,如果可以做出非常安全的食品,或许比当医生更有力量。"

杨医师有时也会觉得自己罪孽深重,原本学医应该是救人的,却因为接了家族事业而成为杀猪的,为此,杨医师也更希望扭转养猪屠宰业在一般人心中的落伍印象。他严格要求"每位到信功应征的员工,第一件事,必须答应不能对猪有踢打之类的污辱行为,否则一律开除"。屠宰生产线墙上,显眼的"尊重生命,屠宰前请尽量减少毛猪痛苦"的标语,是对作业人员的时时提醒。为了改善不人道的买卖和屠宰过程,杨医师特别重视动物健康和人道屠宰,力求维护猪从生前到宰杀后应有的尊严,厂区内的畜魂碑和在园区内大楼里设置的佛坛处,反复播放着大悲咒及地藏王经。

杨医师带着医学专业知识投入肉品生产和加工业,也把医院的管理带入一直以来被视为社会底层的屠宰行业,还把病历系统套用在猪的管理上,让包装室像手术室一样无尘无菌;一项一项的改革和坚持,为台湾肉品加工开创了新局面,并且实现了"做出非常安全的食品"和"落实动物福利"的期许。

主妇一起学,买猪这堂课

当然,有信功这般认真严谨的生产者,也绝对不可缺少一群同样认真且有消费意识的主妇。1998年夏天,共同购买运动第六年,也是绿主张共同购买中心搬迁到三重的第二年,因为新厂房设置了冷冻冷藏库,主妇们对于肉品的共同购买也有了新的方向。

早期,共同购买中心的产品开发伙伴希望直接向养猪人家买猪肉,于是尝试以购买整头猪的方式来进行。通过介绍,共同购买中心的伙伴们拜访了桃园芦竹乡的一户黑毛猪饲养场,这户养猪场,从种猪交配、仔猪养至成猪,全部自养。参访后,共同购买中心的主妇伙伴们决定买下一头猪。

买下一头猪,主妇们可不是随意做的决定,而是把饲养品种、喂养的饲料、用药纪录、环境卫生……全都纳入考虑范围的,很认真地去买了一头猪。当时参与产品开发的黄淑德说,主妇们的想法是,黑猪是本地品种,抗病性较好,口感也比白猪好吃,黑猪以厨余馊水为主食,饲料为辅,也算环保功臣,但肥肉会较多。这饲养场虽规模不大,但设有简易的废水处理设施,也算用心。此外,这饲养场老板的女婿为兽医,用药应该能按规矩来。

到了委托屠宰的约定日,傍晚时分,共同购买中心的林碧霞、翁秀绫、黄淑德等十余人，浩浩荡荡地来到养猪场主人家中，由其女婿为主妇们示范、解说了一堂"猪屠体解剖分切"课，通过这堂课，她们了解到一头猪到底可以切出多少肉。黄淑德说，当时买的那头猪是11月龄、126公斤重，大伙儿各自认购了五花肉、胛心（梅花肉）、里脊、后腿等块肉或条肉，其余的带皮肉则供应绿主张共同购买中心的伙食，吃了近半年后，工作人员都觉得肥肉太多。

这一堂直接买猪和猪屠体解剖分切课，不仅让共同购买中心的伙伴们深刻学习了吃猪这门课，对于如何共同购买肉品也有了不同的思考与探讨。黄淑德说，反复地讨论过后发现，与饲养户直接合作会有些困难：当购买头数少时，无法委托电宰厂代宰，如果依赖人工屠宰，卫生就会是个未知数；屠体需要另找肉品分切厂分切，才能被做成小包装分切肉，一般超市有自己的肉品分切作业厂；更大的问题是，从屠宰、分切、贮藏，到运送，全程都必须低温冷藏或冷冻，才能确保质量。

就是因为这些卫生、安全问题当时都无法得到立刻解决，"吃安全猪肉"的行动又被搁置了一段时间。同时期，动物社会研究室（台湾动物社会研究会前身）正积极推动畜牧与动物保护方面的有关规定的制定工作，主妇联盟基金会也参与了研讨会与记者会，受益颇多。

1999年秋天，共同购买中心通过台湾农业畜牧事务主管部门，得到台湾外销日本肉品的加工单位名单，最后终于找到了位于屏东的信功实业公司。事实上，早在1997年台湾爆发口蹄疫之后，信功就是第一家得到日本政府许可，恢复加工熟肉销售到日本的肉品厂。

经过当时绿主张公司总经理陈毓麟、产品专员黎德斌和林碧霞博士的数次拜访信功并与之讨论后，2000年4月，台北和台中共同购买中心开始供应信功的猪肉产品，也推出"猪肉组合包"供当时的会员首次试购。现在社员熟悉的肉丝、小里脊、梅花肉等都是当时第一次供应的猪肉品类。通过这样的合作，信功实业也是首次将高质量的优良猪肉销售给台湾人。

不过，彼此合作的第一步也不是那么美好而顺理成章，诸多细节都还在等待环环扣起。因为当时共同购买中心的采购量还不够大，所以肉品配送就是一大问题。时任产品专员的施宏升说，刚开始，信功是以最小的可运送量托运到台北，但因为是一般冷冻货运，非专车配送，所以到货时间几乎都是半夜，共同购买中心少数的男性工作人员必须义务加班来搬猪肉，把仅仅八坪[1]大的冷冻库塞满，只留可侧身通行的走道。

随着合作社的发展，如今，信功供货给合作社已是专车配送，大约两周一次，从屏东出发，一路先是到台南分社，之后到中区物流仓，最后才到三重总仓。通常是周五晚间，在三重总仓可以看见信功的配送大货车，驾驶员以高超的倒车技术，直接连接冷冻出货区的码头进行卸货，以确保肉品的温度。

主妇和杨医师的安全肉品约定

携手合作超过十年了，在这个过程中，主妇联盟合作社和

---

[1] 编者注：土地或房屋面积单位，1坪约合3.3平方米（用于台湾地区）。

信功维持不间断的讨论和创新。2010年，信功很希望能将冷藏肉推广给一般消费大众，但因为冷藏肉的保质期较短，单价也较高，着实是推广上的一大挑战。基于多年合作的理解与信任，主妇联盟合作社义不容辞地展开冷藏肉的推广，首先在北部地区选了四个站所试卖，由合作社在站所设置冷藏柜，安排工作人员驻站协助试吃活动，也让社员比较冷藏肉和冷冻肉的差别。信功本身的北部营业点御鼎屋负责专车配送冷藏肉，为了让肉品有更好的陈列，合作社每个站所的肉品陈列摆放，也都是御鼎屋工作人员专程前来亲力亲为。

经过两个月的试卖，却因为只有三天保质期的冷藏肉和社员的食用习惯有着较大差距，加上站务人员认为，冷藏肉与冷冻肉并无太大差异，但保存条件却很严格，所以不敢大力推广。就在这种非美食专家吃不出差异的遗憾声中，冷藏肉推广的实验计划最后宣告失败。

饮食习惯的改变本来就不是一件容易的事。冷藏肉的推广合作，最后虽然没有达到预期目标，但信功和主妇联盟合作社相互用心给社员提供安全食物的善意，也让彼此的合作更添美意。

2014年8月，主妇联盟合作社推出"不添加亚硝酸盐"的德式香肠和茂谷香肠。虽然社员可能只在《生活者周报》上看到了一段简短的文字："生产者为信功，使用合作社指定原料，不添加亚硝酸盐，从原料、屠宰、分切到加工，皆经过最严格的管控，才能够做出不添加亚硝酸盐的香肠。"事实上，在这一段不到100个字的说明中，看似没啥了不起的"不添加亚硝酸盐"香肠,却历经了一段漫长而艰辛的游说之路,才终于诞生。

对于合作社社员的产品需求和想法,杨医师常常就在一些大型讲座上仔细聆听并直接回复,通常也很快就得以落实解决。但是,关于香肠不添加亚硝酸盐的问题,却历经社员们一次又一次、锲而不舍的要求,才最终得到解决。

关于食品安全和产品开发,因为中国台湾主妇联盟合作社与日本生活俱乐部生协是姊妹组织,所以经常往来观摩,相互学习彼此的经验。台湾的主妇们发现,日本生活俱乐部供应不添加亚硝酸盐的香肠和热狗久矣,于是,深入参与产品开发的理事黄淑德和产品部专员,就会经常追问杨医师:"日本有不添加亚硝酸盐的香肠,主妇联盟什么时候才会有不添加亚硝酸盐的香肠呢?"

在2012年的"猪肉大进击"座谈会上,信功试做了一批不添加亚硝酸盐的香肠,并同时现场提供了添加和不添加两种香肠供社员品评,结果,社员对于不添加亚硝酸盐的香肠赞誉有加。到了台中场的座谈,有社员问起:"可以不加亚硝酸盐,那也可以不加磷酸盐吗?"杨医师没有回答。两年后的2014年,在社员的殷殷期待中,信功终于推出了"不添加亚硝酸盐和磷酸盐"的德式香肠和茂谷香肠。显然,社员的声音杨医生听进去了,也对社员的需求给予了最好的回复。

主妇们对于产品的要求或许让很多人会觉得她们很"ㄉㄨˋ"[1],但是,主妇联盟合作社可以供应带皮五花肉、带皮肩胛肉和

---

[1] 编者注:台湾使用的注音符号,相当于汉语拼音 lú,这里是啰唆、麻烦的意思。

带皮后腿肉,就是全拜主妇们"ㄉㄨˊ的坚持"之赐。对主妇们来说,逢年过节的拜拜可是第一等大事,全鸡、牲礼肉、全鱼都是不可或缺的重要采买品。偏偏信功制作冷冻肉品时,在作业的第一道就是把猪皮去掉了,但在民间习俗里,没有皮的猪肉是上不了供桌拜祖先的。然而,从杨医师的专业角度来看,屠宰过程中,猪皮和内脏都是污染源,所以在宰杀的第一步就必须切除分离。也因此,杨医师向来不主张卖猪的内脏,信功多年来唯一供应的内脏只有猪肝。

绝不放弃要有拜拜用肉的主妇们,锲而不舍年年向杨医师叨念着,终于,在2013年中元节,信功首度尝试供应合作社期待已久的带皮五花肉。然而,也因为这样的尝试,信功才发现,制作了牲礼肉的肉条之后,剩余的其他部位如果合作社没有一并利用,就必须再花一道工序将猪皮去掉,无形中会增加人工成本。

合作的真谛在于彼此的体贴与善意。信功呼应了社员的需求,相对的,合作社也对信功为此而产生的困扰思量对策。最终,合作社意识到全猪购买的必要性,一来可确保满足社员的需求,二来食材也可以全利用,惜物不浪费。

十几年来,买一头猪的点滴故事,正是一群主妇和一位医师对食品安全承诺一步步实现的过程。通过买猪肉的过程,主妇们找到了诚信有理念的生产者合作,不仅满足了消费端对安心食物的需求,还让有良心但孤独的生产者得到继续走下去的动力和经济支持。

好吃的秘密
无微不至的"信功精神"

图/文 张智渊

"信功实业"的猪肉既安心又好吃,秘密就在他们做的比你想象的还要多。

米醋淋浴
运送到场的猪淋洗米醋,除了让猪消毒之外,也消除猪的气味,避免不同派别猪的纷争。

逐头检验
每一头要进场的猪都要经过兽医师检验,全数健康无虞的猪才整批放行。

系留18小时
给猪充分的时间休息,此段时间除了进行更精细的检疫以外,还可以平稳猪的情绪。

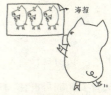

人道屠宰
屠宰的流程除把猪电昏后再刺血之外,还设计诱引的方式引导猪前行,减少因紧张造成的肌肉损伤。

低温分切
在11℃的环境下分切猪肉,让肉的中心温度维持在3℃,保持猪肉的最佳鲜度。

冷藏排酸
分切好的猪肉冷藏静置,把pH值调整为5.8,维持猪肉良好的保水度。

蛋事不简单,迈向人道饲养

蛋是最普及又美味营养的食材之一。水煮蛋、茶叶蛋、荷包蛋、卤蛋、皮蛋、蒸蛋、西红柿炒蛋、洋葱蛋……小小一颗蛋,却可以变化万千。日常小食,只要加了个蛋,仿佛也就多了点淡淡的幸福味,甚至,也多了点元气。

蛋,尤其是鸡蛋,含有大量的蛋白质、胆碱和其他良好而均衡的营养成分,美国农业部甚至将蛋排列到饮食金字塔中与肉类相同的地位。鸡蛋也是最便宜的蛋白质来源之一,台湾每人每年平均吃掉了290颗蛋。但是,现今因抗生素泛滥、饲料来源不明,消费者要买到可安心食用的蛋,可也包含着大大的学问。在主妇联盟合作社里,就有一群主妇,15年来持续在学习买蛋这件事。

在主妇联盟合作社成立之前的绿主张公司时期,其供应的是未洗选的盘蛋。当时,共同购买伙伴们要买蛋,必须自行拣选后再装盒。早期参与者黄利利说:"共同购买曾委托弱势群体捡蛋装盒,一颗鸡蛋到底哪端是气室,一些身心受限的孩子可是要把蛋拿得高高端详许久。"因社员对鸡蛋的需求量不断增加,后来共同购买中心才有洗选分装的盒蛋。

盒蛋原是由台北林口高农蛋品供应,当时高农的鸡蛋是收购于全省各地蛋场。1998年,绿主张公司总经理陈毓麟和高农负责人一同到彰化巡访蛋场，也顺道访视了瑞成牧场，现场了解到瑞成的鸡蛋、蛋鸡饲养资材均来源清楚，于是，一个月后，瑞城和共同购买中心开始合作，直到2014年6月功成身退。

事实上，直到2014年6月底，在主妇联盟合作社的货架上，可以见到三款盒蛋，分别是鲜鸡蛋、西湖蛋、后壁蛋，这三款鸡蛋，也代表着合作社鸡蛋开发的历程。但这也是高床笼饲的鲜鸡蛋最后一次出现，2014年7月开始，合作社全面供应的是人道饲养的"快乐鸡，安心蛋"。

虽然，在合作社站所买一盒绿主张鸡蛋，只要随手拿起，看似简单方便，但是，从高床笼饲到人道饲养，却是生产者和消费者点滴努力的成果，这过程也充满了转折和学问。

高床饲养，从改善环境做起

合作16年的瑞成牧场负责人邱学海表示，瑞成原本供应的也是白蛋，但因为白蛋很普遍，市场里随处可得，为了让共同购买与一般市场购买有所区别，于是瑞成改换成褐壳蛋的蛋鸡品种，但褐壳蛋和白蛋的营养基本上是一样的。

瑞成牧场成立于1976年，当时是由邱学海父亲经营的传统式蛋鸡场。1991年邱学海退伍后，看父母亲经营得很辛苦，身为家中唯一的儿子，责无旁贷地从父亲手中接棒管理鸡场。不过，邱学海导入新式管理，向台湾农业事务主管部门申请低息贷款，设置了高床饲养、自动集蛋、洗选分装分级系统，形成瑞成牧场的新走向。瑞成的鸡蛋也在2007年通过台湾优良农产品的标志（CAS）的认证。

台湾每年可以生产67亿颗鸡蛋。传统笼饲蛋鸡场，通风不良，格子笼鸡舍与地面接近，小小一个格子笼里挤了五只（甚至更多）蛋鸡，它们完全无法转身，只能从栏杆缝隙向前探出头。因为长期与笼子摩擦，这些蛋鸡的颈部通常都呈无毛状态。这种超集约饲养的鸡场，是以灯光控制鸡的产蛋、作息，而非依循鸡正常的生理时钟运作。这些蛋鸡，终其一生就像是专门生蛋的机器罢了。而且，在如此密闭、定温、光控的环境下，蛋鸡的健康状况都不太好，为了预防鸡生病，甚或发生一发不可收拾的疫情，饲养者必须大量使用药物和抗生素。

瑞成的高床饲养则是将鸡舍架高，远离排泄物，不但降低每笼的蛋鸡饲养数，还借由透风、喷雾降温及帆布调节等设备，让笼子里的鸡有活动伸展的空间，享有较好的生长环境。在成鸡疾病预防方面，瑞成力行不用药，通过增加天然食材，例如大蒜粉、甲壳素等，提高鸡的抗病力。

高床鸡舍下方的空旷区域，推土机可以直接开入清理鸡粪。瑞成在鸡舍尾端下风处，设有曝晒场和堆肥场，每周定期清出的鸡粪在这里经过曝晒堆肥处理后，转为有机堆肥，卖给附近的农家。"因为有这些配套处理设施，在我们场区里走动，并不会闻到空气中有什么特殊的气味。"这是邱学海感到最自豪的地方。然而，瑞成牧场虽采用高床饲养，也降低了饲养密度，但鸡毕竟还是关在鸡笼里。

与主妇联盟合作过程中，邱学海也接触、学习到有机畜牧概念，因而在2008年开始尝试低密度平饲，推出青壳蛋。低密度平饲因成本较高，鸡蛋价格也较高，但为了让鸡享有较好的饲养环境，社员普遍认同并且愿意支持。

快乐的鸡，安心的蛋

近年来，随着动物保护团体开始呼吁社会大众关注动物福利，世界动物保护协会指出，购买"不被关在笼子里的鸡"所生的鸡蛋，就是支持农场动物的福祉。事实上，早在十年前，欧洲就开始禁止格子笼饲养，因为研究发现，在无法正常活动的过度拥挤的饲养空间里，鸡因长期处于紧张状态，肾上腺素、皮质酮等激素全都偏高，大大影响免疫系统，饲养者一不小心就很容易爆发大规模鸡疫病传染。

主妇联盟合作社决定以"尊重生命，可以从一颗蛋的选择做起"，回应动物保护团体对动物福祉的呼吁，所以开始找寻注重动物福利进行人道饲养的蛋鸡场。寻寻觅觅，主妇联盟合作社在对动物福利、地缘及运送里程等各种因素考虑下，2010年8月底起，终于新增了进行人道饲养的蛋鸡小农——五湖牧场。五湖牧场的鸡蛋供应初期，合作社先是让北部、中部社员增加了对鸡蛋的另一种选择，之后，随着西湖蛋的共同购买集结量已达全社蛋量需求的一半，于是，也开始全社供应。

所谓的人道饲养，是指提供鸡足够的活动空间与丰富化的环境，让鸡可以直接接触土地，自由自在活动，并享有流通的空气与充足的自然光照。在鸡生长过程中，不使用生长激素、刺激剂、合成开胃剂、人工色素、尿素等，喂养的饲料搭配海藻、酵素、益生菌及天然红萝卜素等，此外，不会为了提升产蛋率而强迫鸡换羽。以上种种要求，目的就是让鸡能在最自然的状态下产出最好的蛋。

五湖牧场位于苗栗西湖乡，牧场主人邱昌明从事人道饲养蛋鸡的历程，其实也正呼应了台湾鸡农的发展和困境。1984年，刚从军中退伍的邱昌明即投入白肉鸡养殖，后来有了妻子赖淑云的协助，进而经营大型代养场，提供台北环南市场所需的鸡，他们也曾有十年好光景。

伴随着有关部门开放火鸡肉、肉鸡、腿肉、鸡翅大量进口，中国台湾地区本土的肉鸡养殖户大受冲击。因价格无法和进口肉品相比，邱昌明夫妇转型养殖土鸡和放山鸡，在苗栗地区自产自销。这时期，邱昌明负责养鸡，妻子则在苗栗早市和晚市设摊卖鸡肉，过去不曾宰杀鸡的她，为了生计与生意，开始学杀鸡："因为杀鸡，我每日念大悲咒。"

这些放养的土鸡，随之而来的副产品就是一窝窝放山鸡蛋，赖淑云拿到市场去卖，竟意外深受主妇们的青睐。而这无心插柳的"副产品"，也为日后邱家转型经营蛋鸡场埋下伏笔。

当卖土鸡开始有了积蓄，邱昌明就想，既然放山鸡可以在平地产蛋，何不移到家中试试？而妻子赖淑云虽然鸡肉生意好到可以买LV名牌包，却因为必须杀生，很不快乐，且因为做生意无法顾及家庭，对孩子也感到亏欠。总之，改变的时候到了。

让鸡可以自由活动、自由觅食，并且回归自然，成熟才产蛋,是邱家饲养蛋鸡所秉持的理念。而这样的饲养观念和做法,刚好吻合台湾农业事务主管部门所推广的人道饲养。于是,台湾农业事务主管部门也邀请台湾动物科技研究所的廖震元博士协助邱家进行人道饲养。

人道饲养从小鸡育雏就开始做起,饲养者就能一直掌握鸡的健康状况。饲养期间鸡也不会因为笼饲上架的不适,减重或死亡。此外,鸡有足够的运动量,抗病力也较佳。不断料,让鸡自由进食的做法,也让鸡可以达到标准重量,产蛋效率完全不输笼饲蛋鸡。

因为提供给鸡较好的生长环境,鸡场主人付出的成本比传统笼饲高出许多,例如,人道饲养的蛋鸡因为不会强制换羽来再次增加鸡蛋的产量,所以一批蛋鸡平均养殖一年半,笼饲的则可达两年。而不断料的做法,自然会增加饲料成本。完全人工捡蛋所需的人力和时间,对小型农户来说更是一笔负担。因此,要让邱昌明这样的小农户能够继续走下去,来自消费端的支持就格外重要。

蛋鸡场的一天

因为是小型农户,鸡场里的工作与配送事宜是邱昌明夫妇全力动员一家人来干的——大儿子架设简易网站,小儿子协助准备员工三菜一汤的午餐。赖淑云说:"我们全家一起打拼,校长兼撞钟,全年无休,24小时鸡场待命。"每周一凌晨2点,邱昌明夫妇已经出门,要将前一天捡好的蛋送到三重总社,凌晨4点,当北部社员还在睡梦中时,五湖牧场的鸡蛋已送达三重。天仍未亮，夫妇俩赶两个小时车程回牧场。

每天清晨 6 点到 11 点是鸡产蛋的高峰，约 20 分钟员工必须捡蛋一次，11 点过后到下午，则每小时捡一次。为了降低对鸡群的干扰，每一栋鸡舍都安排专人捡蛋。邱家也不断创造让母鸡可安心下蛋的环境——从最初简易的塑料盒，到目前有帘幕的产蛋箱。一长排的产蛋箱，下方即是蛋的输送带，启动输送带，即可缓缓将鸡蛋送到鸡舍外侧的清洁拣选区。

坐在输送带末端的邱昌明，拿起一颗颗鸡蛋，仔细端详分类，然后以铁丝菜瓜布清理鸡蛋上的鸡毛或其他黏着物。邱昌明说："刚产的鸡蛋是热热的，可轻易除去蛋壳上的附着物，不经水洗的蛋，可保留鸡蛋原有的保护膜。"

下午，员工对一篮一篮挑选分类后的鸡蛋进行一次分级筛选后，装盒，接着就是准备配送出场。傍晚 6 点，随着日落，鸡舍灯光会调暗，让母鸡也有休息时间。赖淑云说，鸡喜欢窝在一起休息，但到了晚上 10 点左右，因为太热，又会起来走动，这时鸡舍的灯会自动亮起，让母鸡们再次喝水进食，12 点再次熄灯。这就是邱家牧场的一天，也日复一日重复着。

全面供应通过人道饲养产出的鸡蛋

对天天田头田尾梭巡好几回的农友来说，双脚就像长出根似的，深深扎进土地里，很难离得开田地。虽不是农人，蛋鸡场里有着数以万计鸡的邱学海一家，也像邱昌明一家那样，全家总动员，且全年无休。逢年过节，牧场生产作业也依然如常，蛋鸡并不会因为人们放假也休假不下蛋。经过20多年的全年无休，邱学海妻子曾幽幽地提起："已经20多年大年初二没回娘家了！"棒喝般的一句话提醒了邱学海，应该调整蛋鸡场经营模式，减少供应量，让家人休息休息了。

于是，邱学海开始与产品部商议，计划2013年停止供应鸡蛋，因而合作社也开启了在2014年全面供应通过人道饲养产出的鸡蛋的契机。为了补足瑞成牧场"毕业"后的供给缺口，产品部全面考虑高床笼饲、水帘笼饲、平饲、水帘平饲、放养等饲养方式，并走访多家鸡蛋生产者。产品部汇集所有相关信息，再经内部多次讨论，最后选定了另一家符合人道饲养的牧大牧场！

在这一轮寻访蛋农的过程中，产品部也认识了更多具备动物福利观念的生产者，但因为大多数小型蛋鸡场产量不足，无法达到瑞成牧场退场前的供给量，所以暂时无法合作。未来，产品部将继续评估小型生产者针对地区供应的可能性，让共同购买的集结力可以支持更多区域的小农户。

坐落在台南后壁乡的牧大牧场，采用的是水帘平饲，也就是在鸡舍的一侧安装大型水冷扇设备，另一侧配合强制抽风系统，通过严密的环境控制，给鸡提供一个不易遭受疾病侵袭的饲养环境。鸡虽然是饲养在密闭鸡舍内，但有自由活动的空间，且牧场设置有足够的产蛋箱，也搭设了栖架供鸡休息，以符合鸡喜欢站在高处的天性。此外，牧大也降低饲养密度、不利用禁食强制鸡换羽，这些都是对人道饲养精神的具体落实。

合作社与牧大牧场进一步确认合作细节的过程中，理事黄淑德也曾邀请台湾动物社会研究会执行长朱增宏和陈玉敏，一起前往牧大了解生产者在动物福利上是否仍有需改进的地方。然而，每一项增进动物福利的措施，也都意味着成本增加，甚至让管理工作更加不易，因此生产者在面对这些问题时，内心总会有几番挣扎。此外，面对动物保护团体，饲养业者难免会有压力，但通过彼此对话，却也在无形中触发了更多善意循环的机会。

因为朱增宏和陈玉敏两位对动物福利所怀抱的热情和执着，牧大不但欣然允诺增设足量的栖架，并且同意不再把无法产蛋的中年母鸡转卖给其他鸡场，以免让这些母鸡从自由的地面再走回到笼子饲养的回头路。为了帮助生产者处理这些中年母鸡，合作社便针对它们独特的肉质，开发了"菜脯鸡"加工品，让蛋鸡从下蛋到退役可以有完善的全利用。这也是合作社与生产者之间又一项美好的互助成果。

为人类提供食物的动物，值得人们感谢及友善对待。然而，并不是所有动物都有机会像五湖牧场、牧大牧场的鸡一样生长在友善的环境里。"动物福祉"一词之所以会出现，即反映了在现实中大多数动物仍生活在极不友善的环境里，尤其是提供人类生活所需的经济动物，例如肉鸡、蛋鸡、肉牛、肉猪等，业者为了求生产利润极大化，每一个活生生的生命都被简化为最小空间下最高效率的单位生产机器。所以，在日常生活实践中，以实际购买力支持有理念的小农，就是参与改善动物福祉的最佳行动！

鸡蛋产房，什么名堂

图/文 张智渊

传统笼饲

传统笼饲是以笼子管理生鸡蛋的母鸡，算是很有效率的生产方式，不仅场地需求小，而且集蛋方便，人力与设备需求都少。但是鸡处的环境差、空间小。

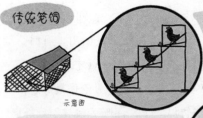

高床笼饲

把传统笼饲架高即为高床笼饲，最主要是拉高了鸡与其排泄物的距离，保留了传统笼饲的优点，且改善了鸡的环境。但空间仍小。

平饲

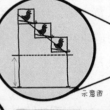

平饲可以说是把鸡放在平地上饲养的意思；在鸡舍中铺一垫料，让母鸡可以自在地活动，按照喜好及习性产蛋，但相同场地可饲养的只数较笼饲少，且产蛋效率较低，需要人力较多（捡鸡蛋）。

水帘式

水帘式指的是鸡舍建筑的设计模式，通常都是密闭的建筑物两端一边水帘，一边风扇的设计。目的是要让进入鸡舍的空气都经过水帘的降温或消毒，再搭配其他设备，达到环境全部人为控制，可以稳定母鸡生产，并让鸡不易生病，但设备成本很高（水帘式搭配笼饲或平饲皆有）。

放养

放养就是从鸡舍中放出来养，母鸡可以随心所欲进出室内外，并有机会探索大自然，吃到土地上的草或从土地里抓出来的虫子，充分实行自然行为。但产蛋率通常最低，且场地需求大，捡蛋人力需求也高。

产品篇 碗中的未来……

第一块非转基因豆腐的故事

寻常日子，可能是艳阳炙热的夏日，或许是阴雨湿冷的冬日，如果你来到新庄复兴路与思源路附近，总可以见到好几部标记"名丰豆腐"的配送冷藏车在此进进出出，有时，也会出现载运豆渣的货车，更多时候，早上9点才过，就有一大群人鱼贯走入一栋外观不显眼的建筑物。无论你是旁观，或是跻身人群之中，只要走路暂停一下，深吸一口气，就会领略到这周遭的空气有些不一样——一股淡淡的豆香飘荡着。这豆香，就是一位豆腐生产者立志要让消费者一直一直记得的味道。

营养师说，豆腐不只是成长中孩子长高长壮的营养菜品；俊男美女想同时拥有健康与美丽，多吃豆腐是不二法门；熟男熟女想要抗老养生，豆腐更是必备食材。

事实上，东方人吃豆腐，已有两千多年历史了。明代李时珍在《本草纲目》中记载："豆腐之法，始于汉淮南王刘安。"淮南王刘安为求长生不老之药，召集方士数千人谈仙论道，著书炼丹。在炼丹过程中，其曾以黄豆汁培育丹苗，就在豆汁与石膏相遇之际，意外形成了鲜嫩绵滑的豆腐。刘安炼丹未成，却发明了豆腐，从此，做豆腐的技法也开始传入民间。

为豆腐三折腰的传奇

　　长生不老不可知,豆汁做成了豆腐,单纯的豆香、恬淡悠长的滋味却是肯定的。清乾隆年间著名的才子袁枚,不只诗文冠江南,更是一位美食家、烹饪专家。一天,杭州一位名士请他吃一道以芙蓉花烹煮的豆腐料理,豆腐清白如雪,花色艳似云霞,清嫩鲜美的口感,更让袁枚赞叹不已。袁枚急着向主人请教做法,却被拒绝说:"古人不为五斗米折腰,你如果愿意为豆腐三折腰,我就告诉你。"袁枚二话不说,即席站起三折腰,并且大笑:"我今为豆腐折腰矣!"这道以豆腐似雪、芙蓉如霞而得名"雪霞羹"的豆腐名菜,也从此和袁枚的三折腰故事齐名且流传下来。

　　两千多年的吃豆腐历史,让豆制品家族遍布在台湾人的日常饮食之中。但是,许多人可能不知道,中国台湾的黄豆几乎全仰赖进口,台湾黄豆自产率已不到1%。而进口黄豆中,绝大部分又是对身体可能产生不可预期影响的转基因黄豆。

　　新庄"名丰豆腐"负责人黄孝诚,一位满头白发却元气十足的爷爷,就是立志要让人一直一直记住豆香、记住豆腐的真滋味,以及记住他所亲手做出的台湾第一块食品级非转基因豆腐的故事。

豆腐消费怪现象

　　"台湾人很奇怪,做豆腐不是比质量,而是要比放得久。"谈起豆腐,名丰老板黄孝诚总有许多生动而直接的描绘,他说,有次和朋友去钓鱼,途中看到路上小货车里木板上的豆干、豆腐,竟没有任何遮盖,任由风吹日晒沙尘侵袭。朋友看了,问他这位做豆腐达人:"这样还能吃吗?不会那么倒霉就吃到吧?!"黄老板直白回复:"就那么倒霉,我们在传统市场或自助餐厅买到的豆腐,都是这么运送的。风吹日晒的豆干、豆腐到了超市或卖场,卖方却又装模作样地要求消费者用夹子小心夹,这不是很矛盾吗?"

细心一点的消费者也可能早已发现,传统市场有些菜贩兼卖的板豆腐,从早上卖到下午,没有冷藏,但不生黏,也不会酸掉。其实,豆腐、豆干是蛋白质含量高的豆制品,高温下极容易腐败。但在传统市场里,包括豆腐在内的豆制品长久以来就是这样被售卖的,买菜的主妇们似乎也习以为常,不以为忤。

黄老板提醒,即使是盒装豆腐,消费者注意看过盒上的几行小字吗:"须冷藏""避免阳光照射""保质期40天,绝不添加防腐剂"——传统市场的环境人尽皆知,高温燠热,不一定阳光直射,但遵循豆腐盒上的标示冷藏者,大约少之甚少。不添加防腐剂,却能保存40天的豆制品,是否有人寻思过其中的吊诡?

1993年,从"生活必需品"出发的共同购买运动开始,买米、买葡萄,循序渐进到有了一篮菜。当菜篮子里有了米、有了菜,最日常又营养充分的安全豆制品,当然是主妇们积极探求的目标。

我们都是吃饲料黄豆长大的真相

别小看只是买一块豆腐——一块安心豆腐,背后所牵涉的，竟是进出口、国际贸易、基因改造、台湾粮食自给等一连串复杂又庞大的结构性问题。共同购买的主妇们下决心想买到安心豆腐，也不是没有原因的。

当然，要吃安心豆腐，首先就要追本溯源，知晓原料——黄豆是什么、怎么来、如何被栽种。黄豆，又称大豆，属豆科植物，学名为Glycine max（L.）Merr.，因富含蛋白质、植物性油脂、糖类等，且含有人类不可或缺的八种必需氨基酸，所以被誉为"田里的牛肉"。不仅如此，黄豆还富含钙、铁、维生素B群及大量膳食纤维。黄豆也不只是提供人体所需的营养成分，豆科植物根系的固氮作用，在生态保护、农业生产上更扮演了不可或缺的角色。

但是，自从20世纪70年代台湾当局开放美国粮食进口，中国台湾地区本地生产的黄豆价格因不敌进口的低价美国黄豆，栽种的人愈来愈少，终于黄豆默默地从台湾农田里消失超过30年了。然而，台湾人对于黄豆的需求量却从未减少，根据统计，台湾每年从海外进口的黄豆高达230万吨。进口数量不是重点，最让人惊骇的是，这些大部分来自美国、加拿大的黄豆，俗称总豆或工业用豆，高油脂、低蛋白质、大小颗粒不一，散装货轮运送，主要用途是榨油或做饲料用。台湾人所吃的豆制品，就是来自这些从饲料豆中挑除坏豆、损豆，再进行大小选择区别后，分装而来的"选豆"。

美国是世界上最大的黄豆生产国，但对美国人来说，黄豆是作为饲料用的，并不是给人吃的，其中高达九成是转基因黄豆。20世纪70年代左右，在日本人请托下，美国研究机构才选育出高蛋白质、低油脂,适合做豆腐、味噌和纳豆等加工食品的黄豆品种,美国也才开始有了非转基因的食品级黄豆。

大多数人也许不知道,台湾从美国或加拿大进口来的饲料级黄豆,从栽种到采收,不但全程大量使用了农药,而且采收后,直接由大卡车运送到船舱,漂洋过海来到高雄港才开始分装,贮存在船舱里的时间可能长达半年。在这么长时间里,黄豆不仅可能生虫、被鼠啃,在闷热船舱里还可能发霉、氧化膨胀,滋生黄曲霉素,所以必须喷洒大量抑菌的抗氧化剂。此外,最让人不安的是这些进口的饲料黄豆都植入了抗除草剂基因。

1996年美国转基因作物开始被允许进行商业化种植,同一年,全世界最大的基因改造公司孟山都想在中国台湾地区推广以转基因种子取代原生种子,引发了农业界、食品业界、学术界和医学界的热烈讨论——或者说论战。也在这一年,美国黄豆协会开始要在中国台湾推广食品级黄豆。

第一块非转基因木棉豆腐的故事

敏于行动的主妇们当热切想了解一件事时,绝对是铆足了劲——她们开始在主妇联盟环境保护基金会的消费质量委员会的班长聚会、读书会、新班说明会上,进行黄豆的讨论共学。一点一滴地学习后,主妇们这才惊觉,多年来,餐桌上为家人准备的豆浆、豆腐、豆干……竟然都是"饲料级黄豆"做成的!

1998年,在深切了解到转基因黄豆在健康和生态方面仍具有高度风险和存在诸多疑虑后,共同购买中心决定自行进口黄豆,提供消费者可以安心食用的黄豆。第一批百余包非转基因黄豆,最初由妈妈生产班自行制作成白豆干,但一份七八块的白豆干,不用防腐剂,产量又低,一包成本就超过100元。原应是平价美食,却成了奢侈品,违背日常必需品的初衷。

当时共同购买中心一星期有二日到三日的产品配送,每日豆浆100瓶、豆腐约120块、白豆干90包,需求量并不大。要找到厂商愿意配合共同购买中心的要求,包括清洗管线(区隔食品级与饲料豆的生产)、排除添加剂(过氧化氢)、小量生产——要求多,量却这么少,根本没有厂商愿意合作。直到共同购买先锋之一,也就是后来主妇联盟合作社创社主席陈来红引介了先生的好朋友——名丰豆腐的黄老板,事情才开始有了转机。

黄老板打趣说:"共同购买中心主妇们来访的那一天,大概是这辈子我家出现最多硕士、博士的一天,有林碧霞、郑正勇、翁秀绫、陈曼丽、黄淑德……那是我和主妇联盟第一次接触,也是这些人告诉我,'树有多高,根就要有多深',我们被彼此打动和感动,我就答应了做豆腐这任务。"年轻时代的黄老板曾经营那卡西,吃了友人妈妈做的天然臭豆腐,念念不忘,也因此转而开创了他的豆腐事业,甚至远赴日本横滨,通过翻译向"藤方豆腐"师傅学习制作豆腐。

黄老板说:"在日本,地豆腐是与生活相结合的,用地方天然冷泉、本地豆子,供应给社区里的人,而做豆腐的人是灵修者、生活者。"地豆腐讲究新鲜,早上做好开始卖,中午12点开始半买半送,过了晚上6点就不卖了,豆腐店老板会拿着豆腐去拜访许久未见的邻居,借由送豆腐联络感情、关心邻人。

这样的豆腐店充满了人与人、人与地方的感情。这样的豆腐情意让黄老板从心底感动，并且深切认同。

黄老板学习的"藤方豆腐"，也曾供应日本生活俱乐部生协——共同购买早期学习经验的对象。就是这样的巧合与默契，黄老板和共同购买中心的主妇们一拍即合，开始携手合作非转基因豆腐。台湾第一块食品级非转基因豆腐——绿主张木棉豆腐，就在日头赤炎炎的6月推出了，《生活者周报》的斗大标题提醒着："夏日豆腐不易保存，请趁鲜食用。"

非转基因豆腐推出之初，因量少、成本高、价格高，推广受阻，无法有稳定产量，储放的豆子也在此时出现了问题。理事黄淑德表示，当时进口的食品级黄豆，三分之一放主妇联盟合作社的三重仓库保存，三分之二寄放在黄老板的龙潭仓库。台湾气候湿热，三重仓库的豆子开始长虫，还好及早发现，于是黄老板将可用的豆子拿去做了臭豆腐。

之后，主妇联盟合作社把所有黄豆都搬移到名丰龙潭仓库，没想到却又遭遇鼠害。黄老板说："我是被主妇联盟这群老太太感动了。"他不仅承担损失，还改善仓储设施，把原本存豆的开放空间，加装了储存设施，用钢脚垫高栈板。此外，为解决清洗管线的生产困扰，名丰产品决定全线改用食品级非转基因黄豆，也为台湾的黄豆食品写下了新篇章。

有了名丰仗义相助，主妇们推广得更卖力了，她们积极拜访里仁和基督教女青年会等组织，邀请他们一起来支持非转基因豆腐，在主妇们的努力下，"绿主张木棉豆腐"进驻了台湾大学医院福利社。黄老板说："没有主妇联盟妈妈们锲而不舍地厚脸皮游说,也就没有这块食品级非转基因豆腐。这不是名丰做的豆腐,而是生产者和消费者共同制造的豆腐。"

一方小豆腐的食品安全大道理

作家刘克襄在《男人的菜市场》一书中,曾形容名丰豆腐厂的制作环境"有如实验室"。传统制作豆腐的木板模具,因清洗不易,是霉菌滋生的温床。黄老板改用不锈钢模具,每日生产半天,另半天进行全厂器具和环境清洁,更以地下两层的空间设置废水处理设施。

要进入名丰一楼的生产制作现场参访,参访者必须戴上口罩,厂区内的员工则一定要配备帽子、口罩、雨鞋等,全副武装。制作豆腐之前,食品级非转基因黄豆必须先以冰水浸泡,名丰全厂所使用的水,都是经过滤处理的自来水,所以两个月水费就高达20多万元。厂内,工作人员在超高温下,用棉纱布包着制作手工豆干,但因棉纱布需每日煮沸消毒,反复几次后,会有棉线脱落,这也是豆干里偶尔会出现棉线的原因。豆皮则是利用加热蛋白质凝结的原理,一张一张拉起晾干,随着煮浆加热,拉出的豆皮也会愈来愈稀薄,待凝结的蛋白质殆尽,只剩寡糖时,就不再使用。

名丰进口的非转基因黄豆是契作的产品,黄老板指着二楼仓储区的豆子说:"以前去买食品级非转基因的豆子,还被日本人质疑,中国台湾人也懂得买吗?现在我们可以在豆子的包装袋上直接打上中文的'名丰'二字,这就是我们自己挣来的骄傲。"来自美国和加拿大契作的豆子是生产者实行黄豆、小麦、玉米休耕四年轮耕制种植出来的,黄老板总是选定休耕后栽种的黄豆,也就是说,名丰是以四倍的土地成本去确保每年所需的黄豆的质量。此外,有别于货轮运输进口散装的转基因黄豆——因长途运输要防霉防虫,使用了大量药剂,食品级非转基因黄豆在选种、栽种、采收、入仓、包装、运输等环节上都得到严格把关,在产地就先得用三层的牛皮纸袋包装,然后被装入货船的指定舱等运输到台湾来。此外,每批进口的豆子,名丰大约一个月内就会用完。

用"豆阵"的精神同行

因为黄老板始终坚持这是一块"共同制造的豆腐",所以开启了一项食品厂少有的措施——开放参观。黄老板说:"食品行业是良心行业,用什么原料、怎么生产,本来就有义务让消费者知道,可是厂商往往会以'独家秘方'为由而拒绝公开。有多少厂商可以做到制程公开呢?"对黄老板来说,共同购买就是一场最生活化的社会运动:"我们都是生活者,要为自己想要的生活负责,好东西不会从天上掉下来,消费者关心生产者是必要的。"

2013年名丰豆花因使用的地瓜粉原料被检出顺丁烯二酸而上了新闻,媒体不仅过度渲染,更直接点名名丰黄孝诚是黑心商人,重重伤了黄老板的心,一个最重信誉的食品生产者被说成黑心厂商!一度失落也失望的黄老板甚至想过:"不如就把名丰收了!"那段时间,一位台湾大学退休的老教授连续四天来名丰,到了第四天,厂里的工作人员请黄老板务必见见这位老太太。终于见到黄老板,老太太紧紧牵着黄老板的手说:"你一定一定要继续做下去,名丰没了,那我们还能够吃什么呀?"就是这样的相挺与信任,再度鼓舞了黄老板,生产者和消费者的彼此信任与支持,就是质量的最大保证。

因为这个事件,主妇联盟和社员也更加体会到,生产者和消费者绝对是手牵手、肩并肩一起解决问题的伙伴,这也就是主妇联盟和名丰的"豆阵"精神。风波过后,主妇联盟合作社也启动了"名丰参访豆阵共学会"。且有别于以往的生产者之旅——由生产者导览解说,"名丰参访豆阵共学会"是由主妇联盟合作社职员、社员、黄老板和名丰伙伴们,一同来诉说这块非转基因豆腐的故事。

从1998年盛夏推出第一块非转基因板豆腐,至今已超过15年。从共同制作一块豆腐开始,黄老板总是"忍受"这群有很多想法,却缺乏实际做法的主妇们,但因为信任,双方就有了更多包容与体贴,也对彼此有了更多的承诺与责任。黄老板直言:"没了信任,社员买的将是一块没有感情的豆腐。"

饮食,不只可以满足口腹之欲,通过饮食,人们也可以表达对土地与环境的关怀和善意。因为一块软嫩的豆腐,名丰和主妇联盟建立起深厚的情谊,而这特属于黄豆的合作之歌,也将继续传唱下去。

溯源而上的公平贸易之路

在全球化潮流下,舌尖上的食物也都来自全球各地了。早上、午后提神的咖啡,来自印度尼西亚或埃塞俄比亚;天冷时,从心窝暖到肚腹的热乎乎的巧克力,则来自中南美或西非某小国;从印度、斯里兰卡而来的丁香、肉桂、黑胡椒,更增添了好友相聚时满溢的热烈情意……然而,生活在富庶地区人们的这种舌尖小确幸,却可能是遥远的地球另一端许多生活在贫穷线下的人们,尤其是妇女或小孩终日劳动的苦果。

所谓的全球化,强调超越国家界限,标举地球村的成员相存相生,但偏重以经济为导向的全球化,却也隐含着经济霸权支配的自由化,以利伯维尔场之名,跨国企业在全世界畅行无阻,因此造就了全球超级大富豪,他们不只富可敌国,更能够左右本国或他国政府政策。穷人则是在利伯维尔场竞争中愈来愈无招架之力,富人能够以低税率将巨大财富藏在遍布世界的避税天堂,穷人却只能在极度贫穷的边缘挣扎求生。所谓的"公平贸易"(Fair Trade)也由此诞生。

公平贸易运动形成于20世纪60年代的欧洲,源于对新帝国主义的反抗。发展至今,公平贸易运动希望通过与生产者长期而稳定的合作,并以合理价格直接购买产品,帮助亚洲、非洲、中南美洲国家中社会经济最弱势的群体免于财团或中间商的层层剥削，使他们得到应有的合理利润，进而能够在经济上自给自足。

不只是交易，让每一笔消费都有意义

公平贸易已成为一种全球性的社会运动，也是一种普世的价值，是为了支持社会正义并缓解众多发展中国家极度贫穷的窘况。因此，公平贸易运动呼吁改革现行的贸易行为，例如，要求发达国家废除对本国农业的补贴，以减少将农产品倾销到发展中国家，从而打击这些国家的农业生产。

近几年来，公平贸易的概念也在中国台湾地区逐步萌芽，甚至催生了公平贸易专卖店、公平贸易特许商，售卖并推广公平贸易商品。广义而言，这几年在台湾方兴未艾的农夫市集，也是公平贸易精神的体现，从产地到餐桌，让生产者和消费者直接面对面，不只是交易，也在互动交流的过程中建立人与人之间珍贵的联系与情谊。

以"创造公义、健康、幸福、永续发展的社会"为愿景的主妇联盟的妈妈们，虽主张台湾优先、支持小农，但追求公义的目光，当然不只囿限于台湾这座小小岛。公平贸易支持生产者对于每一笔消费对地球彼端的人和环境所造成影响的思考，也与这群妈妈利他利己、用消费改变世界的核心价值与理念不谋而合。

事实上，早在共同购买运动之前的1990年，共同购买运动先锋者翁秀绫就非常关注"另类贸易"和"妇女经济"议题。她曾在台湾消费者文教基金会工作多年，对于消费者运动有长期观察和投入，也曾在《生活者主张》月刊中连续介绍了另类贸易的理想与例子。她认为，"另类贸易"是以"非救济、长期贸易"来建构对第三世界特定产品的经济支持，也揭露这些地区因数百年被殖民，当地生态与民族文化所面临的资源掠夺与浩劫。而这时期的所谓"另类贸易"，其实就是公平贸易的概念。

1996年，翁秀绫与谢丽芬到菲律宾参加一个另类贸易的研讨会，深入体验了日本生活俱乐部生协在菲律宾尼格罗斯岛展开的扶贫计划，也了解了生活俱乐部如何建立香蕉生产及运销到日本的模式，以解决菲律宾当地的饥饿问题。

在这个研讨会期间，翁秀绫与谢丽芬认识了香港社运学者刘健芝，随后，主妇联盟即与香港学校师生展开海峡两岸暨香港跨界的百合交易。现任理事黄淑德说，1996年到2000年之间，绿主张时代的共同购买曾断断续续供应的百合片、百合粉，主要就是通过香港学生义务以皮箱跑单帮的方式从江西带到台湾。这个行动不但给绿主张的共同购买运动供应了产品，也支持了栽种百合的江西妇女。

主妇帮农妇，当共同购买遇见百合农妇

由香港学者与社运人士所组织的中国社会服务及发展研究中心（CSD），扶持江西万载县农村妇女建立白水乡路下湾里妇女互助会，生产具有当地特色的百合，并通过百合贸易创造利润，增加农村妇女的经济收入，还开展了一系列扫盲、托育、保健及小额借贷等互助活动。

感受到在江西、香港和台湾之间那只百合皮箱的任重道远，1998 年，翁秀绫、吕美鸾和李明霓和 CSD 一起到江西——CSD 是以组织者的身份前往，共同购买的几位伙伴则是以田野调查的方式进行观察和体验。

翁秀绫在《江西来去》一文中写道，在村子里，她尽量让自己成为她们的姊妹，但几天相处下来，她自我反省："我有什么资格说是她们的姊妹？明天我拍拍屁股走了，她们还是要面对现实的生活。"她们的现实生活是什么呢？上一期稻子收成不好没有收入；养足十个月的猪没有人来收购；有小孩考上高中，却没钱交学费辍学了；下一场大雨，泥土屋倒塌了……农村没有了希望，男男女女，只要有机会都想出走到广东打工……全球经济不景气的涟漪也扩散到这个偏远的小农村了。虽时值盛夏，翁秀绫却感受到一股寒意。

主妇联盟早期与江西妇女的另类百合贸易，后来因江西产地旱涝交替，加上香港的支持团队也有了变化，那一段皮箱百合贸易暂告落幕。但是，那一只辗转且麻烦的皮箱所充满的农妇帮主妇、主妇帮农妇的公平美好心意，却一直都在。

跨地区合作，走进雨林咖啡产区

2008 年，主妇联盟合作社规划并筹建了公平贸易工作坊，摸索着对贫穷地区跨境互助经济的可能性。随后，就从咖啡与巧克力着手，以具体行动支持公平贸易运动，通过贸易商馥聚进口了公平贸易巧克力，2009 年则开始供应来自印度尼西亚苏北高原的咖啡——这是合作社关注亚洲的一个新起点，与吴子钰的雨林咖啡的合作，这也是共同购买运动又一美好的互助典范。

2004年，中国台湾青年吴子钰因缘际会去了印度尼西亚，因参加东南亚海啸后的村落重建规划工作，认识了当地一群充满理想却经济困窘的环境运动者。家住台中东势的吴子钰曾亲身经历九二一地震的灾后重建，深刻体认到，重建必须回到地方的产业脉络，才会有起色。于是，来自两种不同文化的伙伴开始相互激励，思索着台湾和苏门答腊可以如何彼此支持的可能性。

2007年初，历经一年深入咖啡产区艰辛的田野调查，了解了咖啡产业结构与农民生计之后，吴子钰和印度尼西亚伙伴决定展开一项大胆的行动。他们选择以咖啡为工具，希望通过公平贸易的方式展开对当地人的关怀，而对热带雨林的关注，则通过与当地大学建立关系而进行长期研究体现出来。吴子钰希望通过与学校研究的联结，累积印度尼西亚人对自己咖啡的诠释。

2008年7月，吴子钰从印度尼西亚进了第一批3000公斤的咖啡豆。因对资本主义和市场经济的批判，吴子钰拒绝商业化操作手法，而是采用低度营销，完全是靠支持者的口耳相传，但这样的销售方式，初期因为没有固定店铺，也没有网购，销售增长相当缓慢。

2009年，主妇联盟合作社开始与吴子钰合作，供应来自印度尼西亚苏北高原的雨林咖啡，也得到众多社员的稳定支持，主妇联盟合作社成为雨林咖啡重要的团体订户。但吴子钰认为:"没有贴近的追溯,没有谦卑的反省,真正的理解就无从发生。"于是在 2012 年,吴子钰邀约合作社伙伴一同前往苏门答腊高原,进行咖啡产地之旅。

村落的一课,因为咖啡有了关系与关心

吴子钰合作的雨林咖啡产区位于苏门答腊西北方亚齐地区的 Bener Meriah,合作的咖啡农有契作的咖啡小农,也有信任的中间收购商。另外,那里还向村民收购(类似台湾的产销班,由村长协助组织农民集货)。

雨林咖啡农友采用善待环境的树荫栽培法,咖啡园里有果树、咖啡树和豆科乔木等混生树种,豆科植物根部可以固氮,落叶回归土地,又是最好的有机肥。也因为不使用除草剂,地面上草相丰富,漫步其上,仿佛踩在绿地毯上。

吴子钰以高于当地收购价 5%—10% 的价格购买咖啡豆,对社区回馈的具体行动则是直接对接契作农民和村落——购买农民需要的除草机、补助村落的给水系统、兴建清真寺等,从公共层面回应当地村民的需求。此外,经营咖啡的收入也让吴子钰可以提供劳动报酬给当地的环境运动者,并支持一名全职的工作者驻地蹲点——掌握产地状况、联系咖啡农、联络大学研究计划等工作事项。

雨林咖啡的社区回馈资金,很大比例用在教育方面,包括吴子钰与苏北大学的研究奖学金合作计划,已从最初一个系所增加到四个(生物系、农经系、森林系、人类系)。从 2012 年起,他开始提供咖啡产区的白象大学奖学金,并和产区教育单

位合作，举办高中生咖啡征文比赛。2013年吴子钰又与爪哇日惹UCM大学合作，提供生物系及人类系奖学金。迄今，雨林咖啡的社区回馈奖助学生所完成的与雨林及咖啡产业相关的研究论文已达50余篇。

"公平贸易如果失去实践，容易沦为消费端打着正义之名的空洞售卖或商业操作。"对吴子钰来说，咖啡是工具，不是目的，通过一杯咖啡，吴子钰串起印度尼西亚咖啡农和年轻社运者，也建立了咖啡与雨林关怀的消费平台，丰富了台湾民众关于咖啡产业的知识。2013年11月，吴子钰带领东势果农到雨林咖啡产地，由中国台湾农友向印度尼西亚农友分享果树的栽培与管理经验。他期盼更多的交流和彼此支持，更多雨林咖啡故事的诉说，让中国台湾在全球性雨林关怀议题上，找到更多可使力的支点。

主妇联盟合作社的雨林咖啡共同购买模式，从2012年起，也开始以特定农友契作及选定村子的收购方式，双轨进行。这是彼此信任与互动的深化，包括主妇联盟与产区小咖啡农之间，以及与进行公平贸易交易的吴子钰之间。

全球公平贸易从倡导倡议，逐渐转为产品认证标签化、品牌化、主流化，其发展轨迹和有机农业变成产品认证标签化雷同。有机农产品市场现在为大型农业企业主宰，小型农家未必分享得到有机农产品蓬勃的利益。公平贸易运动发展至今，又何尝不是如此？！以咖啡为例，公平贸易原本是为了改善小农的收入与生计，近年却成为大型烘焙商与大型咖啡庄园主掠取"公平"美名的另一种营销，大型烘焙商巨量收购咖啡豆，参与竞争，已直接影响到小型公平贸易组织的收购量与价格。

多年来，吴子钰坚持往返产地，从与咖啡收购商建立关系开始，逐步溯源而直接向小农购买、确认质量与价格，更积极回馈当地社区。雨林咖啡虽没有贴上公平贸易的认证标签，但在消费者心中，雨林咖啡已有着鲜明的地理标记和公平贸易实践的烙印。

每次你花的钱，都是在为你想要的世界投票！

除了巧克力、咖啡之外，主妇联盟期许能为公平贸易商品尽更多心力，期待通过消费购买，支持地球村某一角落的远方农友。

继巧克力、咖啡之后，2011年，合作社也开始供应同样由馥聚进口的PODIE（People's Organisation for Development Import & Export）公平贸易有机白胡椒粉和黑胡椒粒，2014年5月，陆续新增柠檬草、辣椒粉、肉桂棒、小茴香粉、咖喱粉等产品。为了面对面了解香料生产者，2014年7月，在馥聚负责人吕美莉带领下，主妇联盟合作社伙伴前往斯里兰卡，跟随当地公平贸易组织PODIE的工作人员，进行为期一星期的香料产地参观考察。

"经历这次公平贸易之旅，我不再只是观念上认同公平贸易理念，亲眼看到农民在这行动中受益，让我更坚定地履行自己的使命！"看见产品上下游每一张参与的脸，吕美莉更确认了自己的承诺和参与。

在欧美许多国家，公平贸易商品已成为许多人日常消费品的一部分，在学校福利社、超市，甚至售卖机，消费者都可以买到公平贸易商品。在商店里，也常可以看到一些贴有公平贸易标签的产品，给消费者提供另一种选择，同时也提醒消费者，可以通过购买，改善一些人的生活，甚至改变这个世界。

正如《一座小行星的新饮食方式》作者安娜·拉佩所说："每次你花的钱，都是在为你想要的世界投票！"是的，花钱的方式、购买的产品，可以左右生产者及其家人的命运！要想让自己的生活更美好，也让这个世界更美好，可以从选择公平贸易产品做起！

清洁大小事，看见女力和绿力

2014年3月，台湾地区立法机构门前历时一个月的"太阳花学运"撼动台湾民众人心，在这个过程中，让人印象深刻，甚至海外媒体也为之侧目的景象之一，竟是垃圾分类！学生们摇旗呐喊和垃圾分类，吊诡又奇妙地在同一场景进行。对政策、对握有权力的大人物的作为，年轻学子或许有诸多激愤与不满，甚至大声呼喊"当独裁已成为事实，革命即成为义务"，但在奋力吹响革命的号角之余，依然自动自发地将数万人聚集所产生的垃圾井然有序地分类。这个小动作或许比喊得震天响的口号，更让许多人为之动容。

在充满激情的学运现场的这种出人意料的景象，或许可以解读为，垃圾分类其实已"深入民心"，尤其是对20世纪70年代以后出生的台湾新世代青年来说似乎理所当然。日常生活中，在办公室、百货商场、快餐店……到处可见清楚标示"纸类""塑料类""玻璃、宝特瓶"等的分类和回收箱，甚至每天准时报到的垃圾车也有资源回收车紧紧相随。可以说，"垃圾分类，资源回收"已成为台湾民众生活的一部分。

不过，这些随手可为的小小动作，可不是理所当然发生的。1980年以前的台湾，官方以农业、环境为垫脚石，一边倒发展经济，经年累月的污染、环境问题，终于在20世纪80年代逐一爆发,米糠油事件、镉米、绿牡蛎……尤其在1986年,当时苏联切尔诺贝利核电站发生爆炸,震惊全世界。也在这一年年底,在台湾,原本就常在新环境杂志社担任志工的一群主妇们,因长期关注环境议题,对台湾环境恶化忧心忡忡,决定走出家庭。1986年底,由最初的五六个人在台北市一场"女人也应该参与公共事务"的对话中发难,到1987年1月,30多人齐聚一堂,许下"走出厨房,投入社会"的承诺,发誓要成为"勇于开口,敏于行动,乐于承担"的好公民,"主妇联盟"由此萌芽。此外,她们以"台湾要美丽,我们要健康"为要求,推动"垃圾分类,资源回收"。

然而,当时社会大众对于垃圾分类减量、回收再利用普遍缺乏认识,既不以为意,更嫌麻烦。这群走在思想前沿的主妇们,为了推动"垃圾分类,资源回收",可是一点儿都不嫌麻烦,苦口婆心,以"一条小巷子,一个大运动"的精神,站岗式地两人一组,看着大家丢垃圾,对没有分类的或者丢错的,她们立即向前说明或教导,一次又一次,一天又一天,不厌其烦,也不畏白眼。

主妇们的决心不可挡,主妇们的毅力与韧性更让人折服,愈来愈多的人理解、认同她们,也有愈来愈多的人一起加入。1989年3月,主妇联盟环境保护基金会正式登记成立,宗旨就在于"利用妇女力量,关怀社会,提升生活质量,促进两性和谐,改善生存环境"。在基金会办公室里,马以工教授,陈裕琪、陈来红等人,经常对环境保护的推动策略热烈讨论着,历经无数的激辩、沉淀、厘清、整理,这群兼具知性与感性,对生活、环境充满热情与理想的先锋女将们,最后具体提出了从生产到废弃的五个阶段——"一手就可以掌握"的"消费者绿主张"。

环保与消费是生活的一体两面,谈环保,最务实、最根本的做法就是从消费面着手。"消费者绿主张"所提出的五阶段,包括生产、运输、消费、回收、废弃。生产上,强调节能、包装材料减少浪费、节省资源;运输方面,必须节能、缩短距离,降低碳里程;消费,则尽量减少包装、不用不买、自备购物袋,并且重复使用塑料袋;回收,则是强调再利用、再生利用、有毒物回收;废弃,要减量、减少容积,并以不污染土地为原则。

1991年5月,主妇联盟环境保护基金会为凝聚更多有环保意识的消费者,进一步成立了消费质量委员会,积极推动绿色消费。在这样的思考脉络下,共同购买运动随之诞生,且规模不断扩大,历经理货劳动合作社、绿主张公司等转型阶段,2001年发展成为有限责任台湾主妇联盟生活消费合作社,与基金会同名,也继续共同为绿色消费努力。

"绿主张"这个词,不仅一度成为组织名称,还成为后来主妇联盟合作社的刊物名,以及合作社所开发的自有产品品牌。合作社第一件自有产品"不漂白再生卫生纸"的开发故事,不仅体现了两个同名组织对于绿色消费的坚持,还展现了女性于细微处守护环境的强大力量。

或许只有细心的主妇们才会将关注的目光放在不起眼的卫生纸上。二三十年前,台湾市面上所售卖的卫生纸,大多是以再生纸浆制造。直到某些知名厂家开始以"百分之百处女纸浆"

口号大打广告，强调洁白、柔软才是好的卫生纸，并且将洁白和清洁、干净画上等号，不但严重误导了消费者认知，还逐渐彻底翻转了社会大众对卫生纸的选择和使用习惯。

爱护森林，就从擦屁股做起

根据台湾地区造纸工业同业公会统计，包括面纸、擦手纸、卷筒卫生纸等的一次性家用纸类产品，台湾一年消耗量约33.2万多吨。所有人在不经意之间随时随手抓起、丢弃的每一抽、每一卷、每一包纸，所牵涉的，其实是全球的森林资源和水资源。

当纯白、原生纸浆、柔软舒适的卫生纸在催眠般的广告炒作下成为市场主流，一般人不再使用回收纸做成的卫生纸，以原生纸浆制成的卫生纸开始在消费市场占多数。至今，中国台湾的再生卫生纸市场占有率仅5%，而日本再生卫生纸的市场占有率高达60%，台湾人的卫生纸消费状况，可以说是商业广告成功的"典范"。

因为消费者对不漂白卫生纸接受度低，为符合市场需求，厂商大肆加氯漂白纸浆，而这个处理过程容易产生戴奥辛，其严重危害环境。此外，在洗浆过程中，为了确保漂白水（次氯酸钠）能够渗入纤维，厂商会刻意加重浓度，这也增加了废水处理的困难程度。

1995年台湾环保事务主管部门公告了再生卫生纸的环保标章标准，随后永丰余公司生产的百花卫生纸通过审查，获得台湾第一面再生卫生纸环保标章。但是，环保标章也很难破除消费大众对白的偏好与迷思，因此，永丰余坦陈，百花卫生纸虽使用再生纸浆，迫于市场销售压力，制程中还是会加一道次氯酸钠进行漂白的。

多位具有专业知识背景的主妇联盟妈妈们很清楚，洁白卫生纸只是广告所吹捧的，不必要的漂白只会多带给环境一道污染，而且，如果所有家庭和企业能够改用再生卫生纸，也可以减少树木的砍伐。她们思考着：何不集结消费者，以共同购买的方式合力创造不漂白再生卫生纸？！

于是，这群主妇成立了项目小组，经过半年的酝酿和串联，由主妇联盟基金会和绿主张公司（主妇联盟合作社前身）号召，集结了一些家庭和办公室共襄盛举。虽然财务困窘，主妇们仍一手包办了与纸厂接洽、包装、定价、渠道，以及推广策略，并终于在1998年6月5日世界环境日这一天，推出了共同购买第一个自有产品，同时也是台湾第一卷不漂白再生卫生纸（卷筒型）。第一批600箱在数月内销售完毕，但由于当时铺货渠道有限，只能在绿主张公司的共同购买中心预购，市面上仍不普及。

社会大众的消费习惯难以改变，所以不漂白再生卫生纸的推广不易，销售量增长缓慢。不只为了推广不漂白再生卫生纸，更为了提高绿色消费意识，妈妈们想出了直接贴近生活又响当当的"爱护森林，就从擦屁股做起"的口号，这个口号深深地打动了不少社员的心。《绿主张》上曾登载一位社员分享使用不漂白再生卫生纸的经历："家里刚开始加入主妇联盟，除了那一篮菜让我感觉清新以外，就属卫生纸最使我难忘。难忘的不是它很厚，我们家人往往还代劳将抽取式卫生纸一张张地拆成两张两张的；

难忘的也不是卷筒卫生纸常常漏了那一道道整齐的横切线，害我只能坐在马桶上瞧着卫生纸被我硬生生撕成长长斜斜又不怎么听话的形状，像极了水墨画里的崇山峻岭，叫我不知从何擦起。

"这些都没关系，我都能忍受，因为我太喜欢包装上的那句话：'……就从擦屁股做起。'……俚俗吗？好像有点儿，谁叫高尚的已经给'消费'浓妆艳抹尽了，而环保，就像在擦我们过度消费的屁股，美得了吗？谁擦屁股擦得很漂亮呢？"

更贴近生活的再生卫生纸

又厚又难撕开的反映，共同购买中心的主妇们听到了。为了让再生卫生纸更便利好用、更贴近社员生活，主妇们想方设法，陆续开发了卷筒卫生纸、抽取式卫生纸、擦手纸等系列。在爱惜资源的产品开发原则下，主妇联盟合作社也为餐桌、卧室等家庭中卫生纸需求量较少的空间，设计了相当于抽取式卫生纸三分之二规格大小的便利包。此外，在 2012 年，联合国制定"国际合作社年"这一年，主妇联盟也推出了外观包装设计上与此相呼应的随手包，方便携带，又借此推广合作运动，让更多人认识合作社，主妇们精打细算的心思，一举好几得！

美国环保署曾估算过，以回收用纸取代原生纸浆，每回收一吨，就可以减少 17 棵大树的砍伐。以此推算，主妇联盟合作社在 2012 年集结共同购买的再生卫生纸量，约为 47 吨，换算成制造原生纸浆必须砍伐的树木的数目，等于挽救了约 800 棵树木。从第一包不漂白再生卫生纸开始，合作社始终期待能有更多消费者意识到卫生纸的使用与环境资源的关系，进而调整使用、选用卫生纸的习惯，对于森林环境和水资源的保护，才会有更大的帮助。

居家清洁事，力行环保的好事

主妇们认为，除了卫生纸，如果能更有绿色意识地选用日常生活中所使用的小生活用品，其实就是为环境保护尽了一份大心力。

长期参与主妇联盟，既是农业专家又是环保生活家的林碧霞博士，大学毕业后，在实验室工作长达20余年，从事农产品分析，深知化学品的特性与毒性。年轻的时候，有一次实验室助理未将试管清洗干净，以致残留的清洗剂污染了实验样品，让整个实验功亏一篑。这个惨痛经历让林碧霞印象深刻，同时也让她注意到清洁剂残留的问题。之后，以厨房常见的洗洁精最难清洗处理的计量瓶来说，她跟助理赫然发现，竟然要不断洗涤35次，才能让试管不留下任何残存清洗剂。这一年，林博士也正怀着第一胎，即将为人母，自然也联想到每一个母亲都必须清洗奶瓶的问题。而这切身经验，也成为林碧霞深入研究清洁洗剂的契机。

大多数人不会进到实验室，但是，日常生活周遭，清洁剂无处不在，厨房里的洗碗精、蔬果清洁液，浴室里更多，洗脸、刷牙、洗头发、沐浴，甚至刷洗马桶、洗手台的各种清洁用品，阳台上洗衣机旁的衣物清洁剂、柔软精、漂白剂，储藏室里的地板清洁剂、亮光剂、洗车精、强力除污喷雾……SARS恐慌过后，还有常见摆放在公共空间出入口的干洗手液。清洁用品全面进入居家生活,存在于生活中的每个角角落落。

很早的时候,老祖母会用天然的无患子果实、稻草燃烧后的灰烬、榨茶树油的茶籽渣,或者洗米水来洗碗刷锅。拜工业革命之赐,工业技术突飞猛进,利用有机化学的合成技术所生产的石化性液态界面活性剂,让愈来愈多清净力超强、功能也愈广泛的清洁用品不断推陈出新。方便又便宜的化工清洁品,让主妇们很快就舍弃了老祖母的秘方,且为了让居家环境洁净,她们更爱选用宣称"去污力强""洗净力第一"的产品。

然而,通常愈是标榜强效、洁白、去渍功能强的清洁用品,对人体、对环境的伤害也就愈大。清洁剂通常含有壬基苯酚、荧光剂、含氯漂白剂、甲醛、磷酸盐等成分,但没有厂商会据实标出。即使是标榜"环保"的清洁用品,除了价格高昂外,还是常会被检验出一些水无法完全分解的物质。含有这些物质的污水从家中下水管流出后,其中的碳氢化合物又和水结合,会产生可能致癌的卤化有机酸,这些有害物质排放到河川、进入水库,然后再经由自来水系统,回到住家的水龙头。

早有研究证实,壬基酚之类的环境激素是造成雄鱼雌性化的元凶,当然也可能危害人体,所以在2010年1月1日起,台湾环保事务主管部门就明令禁止制造含有壬基酚、壬基酚聚乙氧基醇的家用清洁品。其实,早在共同购买运动草创之初,主妇们就已借重林碧霞博士的专业,努力开发环保、安全又经济的家用清洁用品,主妇联盟也是台湾第一个用组织力量关切家用清洁用品的团体。

1998年11月《共同购买情报小站》上,一个让人振奋的大大标题:"即将上市的清洁剂系列"——主妇联盟委托ABO工厂共同研发的家用清洁剂千呼万唤终于出来了。林碧霞博士为共同购买清洁剂的开发立下了原则:洗净力好,对人体无毒,对环境影响小;价格平实,据实标示成分;不必要成分,例如浓厚香味、色素、浓稠剂、太多起泡剂等,尽可能避免或降至最少。此外,在共同购买各个取货站也会设置桶装家用清洁剂,鼓励会员们自备容器充填,减少包装又可以省钱。

林碧霞博士强调,主妇联盟合作社的清洁用品开发原则,就是要使用可再生资源、拒绝石化成分、排除荧光剂。而这些日用品的使用目的既是清洁,就回归单纯的清洁,不要还想兼有除螨杀菌功能,因为可以除螨杀菌的物质对人体健康同样也有危害。

合作社清洁剂的开发历史

主妇联盟合作社成立之前的年代,共同购买中心所供应的洗衣粉是由皂福公司所制造的。当时皂福是少数具有环保标章的生产厂商,不过,由于皂福的洗衣粉是取用南侨油脂的回收油进行加工的,洗完衣物后,往往会有油耗味残留,衣物还会变黄,加上洗衣粉溶解度也不佳,所以每当举行说明会或班长聚会时,皂福的洗衣粉都会是班员首要抱怨的产品。

共同购买中心在转型成立合作社之前的绿主张公司阶段,则供应由ABO工厂所制造的蔬果精、洗碗精、洗衣粉、洗发精和多功能橘子油精。不过,由于ABO的蔬果精是以酒精作为防腐剂,因此会产生沉淀物。绿主张公司屡次向ABO反映这个问题,却没有得到改善,于是更换了生产者。

在更换生产者过程中,主妇们对清洁用品的例行检验也经常检出不该检出的物质,然而,生产者都会推说是管线交叉污染造成的。究其根本原因,是在此阶段仍未有足够的共同购买人数,对产品的需求量不足,厂商的配合意愿自然不高,产品质量始终无法保证。

在很长一段时间里,控管质量的伙伴们一直苦于清洁用品的检出问题。到了绿主张终于转型为合作社,林碧霞也转换跑道,开始从事农业资材的研发。因共同购买的清洁剂用品规格本来就是由林碧霞所拟定的,此时,主妇联盟合作社即委托由林碧霞所率领的团队接手生产工作。

林碧霞在清洁用品开发过程中,历经一次又一次的打样、试用,希望能既符合环保、安全要求,又切合消费者需求。同时,也站在生产者角度来思考,必须有多少生产量、制定什么样的价格,才得以合乎成本。因此,为了集结一定的生产量,主妇联盟合作社邀请里仁共同协力,也一起扩散善待环境的力量。

长期陪伴农友推广善待环境栽种的林碧霞很早就注意到,被视为农业废弃物的橘子皮,其实蕴藏了丰富的具有天然清洁力的橘子油,因而激发她研发含橘子油的清洁剂用品系列。所以,早在市售清洁用品生产者对天然橘子油还陌生的年代,林碧霞早已提供主妇联盟合作社社员安全又天然的橘子油清洁剂用品了。

林碧霞从切身经验与专业研发中,深刻了解到有毒清洁剂对人体、对环境的危害,她始终陪伴着合作社做安全清洁用品的开发,具体落实了共同购买运动从小我到大我的关怀。

环保家事皂,废弃品开出再生事业的花朵

在主妇联盟合作社诸多清洁用品中,最能代表"绿主张"——从生产到废弃(生产、运输、消费、回收、废弃)五阶段精神的产品,可能非环保家事皂莫属了。而这家事皂的诞生,也源于一起水污染悲剧以及日本生活俱乐部的启发。

20世纪70年代,日本最大内陆湖泊——滋贺县的琵琶湖,因大量家庭废水排入,湖水出现严重优养化现象,最后甚至出现红潮和恶臭。科学家追溯元凶,原来是合成洗剂中的磷。为了抢救琵琶湖,也为了让更多湖泊、河川免于合成洗剂的污染,日本环保人士与生活俱乐部社员齐心努力,大力宣传、推广回收家庭废食用油,然后制作成肥皂,取代化学合成洗剂,这样达到了既可资源再利用又降低污染的双重效果。主妇联盟基金会及主妇联盟合作社参访日本生活俱乐部,深受废油皂运动的启发,在中国台湾也开始不断推广废油肥皂的教作[1]。

然而,活动式的零星教作,时间久了,似乎也让人感到疲乏了,曾一度面临推广上的"瓶颈"。学护理出身的翁美川,曾担任台北市立疗养院附属咖啡屋的辅导老师,提供给精神障碍病友工作训练。从共同购买运动开始以来,翁美川一直陪伴并训练精神障碍病友在主妇联盟合作社或生活者工作坊(前身是台北县理货劳动合作社)进行稳定的工作治疗。2007年,翁美

---

[1] 编者注:台湾的习惯说法,就是指教和做的活动。

川发现，废油肥皂的制作流程可切分为小单元，而每个小单元的单一工作很适合精神障碍患者朋友来从事。持着这样的想法，翁美川和产品部进行深入讨论后，协调名丰豆腐配合提供回收油，她来负责教导精神障碍患者朋友制作生产，主妇联盟合作社也开始供应再利用回收油制造出的"环保家事皂"。

"我喜欢环保家事皂是因为它很好用，又能支持弱势群体！"社员林宝银说。家事皂的用途非常广，可以洗衣服，如有严重污垢，可先用橘子油精去除，再用家事皂清洁。此外，厨房藏污纳垢之处，先喷上小苏打粉，静置一小段时间后，再用家事皂刷洗，就会清洁光亮。环保家事皂的生产既保护了环境，又可以给弱势群体提供就业机会，环保家事皂让生产者、精神障碍患者朋友和社员拥有美好又清净的串联。

早期共同购买运动的发起者翁秀绫、林碧霞、谢丽芬、翁美川等人，具备了农事专业、科学检验背景和护理经验，这群学有专精的"女力"汇集起来，由女性主导决策，纯然从女性观点出发，因而可以从生活细节处找到施力点。她们从一张张每天都要亲密接触的卫生纸、从每天都会使用的瓶瓶罐罐清洁用品、从一块块废油再利用的家事皂出发，推动攸关环境的消费集结，汇聚成改变社会的"绿力"。

消费者所不知道的市售清洁品

目前台湾地区一般市售的清洁品,问题重重,安全堪忧。林碧霞博士归纳出三点。

一、清洁剂成分标示严重不清,甚至不实

一般而言,生产者大多不愿翔实告知配方为何,理由是产业机密。所以除非法令明文规定,否则大都含糊标示,例如:椰子油界面活性剂只写椰子油,也许只有一滴天然椰子油,其他则是有害的化学成分,却依然大肆标榜天然!至于已被认知的有毒成分,干脆就不标,严重影响消费者知情与选择的权益。

二、台湾地区清洁剂相关规定严重落后

美国、日本以及欧洲各国,甚至中国大陆,均已针对许多清洁剂成分的毒害问题与标示方法,不断有新的法令规范出台。许多国家的政府警觉到,清洁剂危害人体健康与环境安全,必须严加规范。台湾当局虽曾倡导环保标章,但力道薄弱,社会大众的认知仍普遍薄弱。

三、社会大众普遍认知低下,市场竞争主力唯清洁力与价格是问

厂商都认定消费大众只要强劲清洁力与低廉价格,又不需明白标示成分,添加有毒成分的操作空间太大太自由了。事实上,许多存留性高、毒性高的成分,或直接接触皮肤(如洗发、沐浴等),或隐于餐具(如砧板、夹筷)缝隙而随食物进入人体,或残留在衣物上,与汗水相濡而被皮肤吸入(如人工香精、荧光物质等)……现代人随时随地吸入或吃进或大量接触清洁剂中的各种成分,造成现代人过敏体质,甚至致癌与导致畸胎等。要健康的生活,不能不慎选清洁剂。

班站篇

共好的生活与可能……

班,是共同购买的出发点,

也是劳动自主、地区营运的基本单位,

三位社员以上就可以组成一班共同订购;

站,就如同社员第二个家,

可以在此购买安心食物、分享生活、共同学习,

同时也是交换信息、参与活动的社区据点;

在此探索彼此共同的需要与渴望,

集众人之力,

创造共好的生活方式与未来。

开兰第一班：宜兰冬山班

成立：2009年成立，有"开兰第一班"之称。

特色：从三四人开始，全盛时期达三四十人，因人数太多，李旭登鼓励班员自组新班，2011年，李旭登将原班交给另一位社员蔡佩芬经营，自己则另组新班，冬山班即再回到12人左右的规模，班员都是慈心华德福小学学生家长。

平日上午的冬山乡香和村里，路上难得见到人车经过，即使有老人家就着自家门口的椅子纳凉，也是一派安静的气氛。然而，走进李旭登的"氧化铁工作室"，却听到年幼孩子的童稚声："喂伊，菜车已经来啰！""哥哥，我们一起来玩这个！""司机叔叔，拜拜！"这童稚声来自李旭登最小的儿子，他才三岁大，就能帮爸爸接听班员的来电，还能招呼随着妈妈来取菜的小朋友，当配送车司机卸完货准备离开了，也不忘搭着爸爸的大腿，一起目送配送车离开。

李旭登是宜兰地区的班长之一，他在2009年成立的冬山班，在当时可是"开兰第一班"。原本只是伙同几个在孩子学校里头认识的家长组成的班，没想到后来居然发展成为班员人数达三四十的大班。除了身兼班长、奶爸、煮夫等职，他自己也下田务农，种水梨、柚子，还种了一块水稻田。很难想象，几年前,他还是个三餐外食的都市上班族。随着结婚成家、孩子相继出生,他和妻子体认到,让孩子在良好的环境中成长,是人生中最重要的事。于是,他们开始寻觅健康安全的食材,因而加入了主妇联盟合作社,甚至,他们决定搬离城市,落脚宜兰,实践他们的理想生活。

由于合作社在宜兰没有设立站所,李旭登的例行采买,变成一项耗时又耗能的事,他必须开车一个小时以上,才能到达离家最近的站所(位于新北市新店区)购买食材与日用品,虽然合作社提供宅配服务,但单次订货得超过固定金额,才能免收运费。既然搬到农业县份,李旭登不是没想过要支持本地农夫、购买本地农产品,只是,有一次与一位务农邻居闲聊,想听听本地农人怎么解决萝卜虫害严重的问题,"药喷一喷就好啦!"一听到这个回答,他从此打消念头。

互信互助,一方纸箱就是代理班长

身为煮夫,李旭登自然精打细算。适逢合作社到宜兰举办组班说明会,他有了邀人成班的念头,一旦组班,就不用自己舟车劳顿前往台北买菜了,而且有专人把安心食材直接送到家,还可以省下运费。属于外来移民的李家人,原本担心在社区里"举目无亲",凑不齐组班基本人数,没想到在孩子们的学校一问,发现不少家长都是主妇联盟合作社社员,只是大家不知道彼此属于同一社团,都采取个别宅配。一旦知道可以组班共同购买后,众人一拍即合。

既然自己是始作俑者,李旭登便担起班长一职,而合作社送货与班员取货地点，当然就在李家客厅了。李旭登的住家兼工作室就位于孩子学校（慈心华德福小学）后方，不少班员来接小孩放学时，就顺道来取菜，聊聊孩子们在学校的大小事，一个半私人的社区交谊空间就这么渐渐形成了。而这个班的管理方式，李旭登师法农业社会互信互助的人际原则：班员可以自行从到货的一篮叶菜或一箱生鲜中，拣出自己预订的蔬菜果品，也放心让班员自己付钱、找钱，客厅桌上的一方纸箱就可暂时代理分身乏术的班长，此时班长可能正帮忙把货品送到坐月子的班员家中。

虽然说班员们都努力实践合作社的"计划购买"精神，但总会遇上"计划赶不上变化"的时候，有时某妈妈家里临时来了客人，想多炒两个菜，但前一周写预订单时怎能预想得到。这时，共同购买的弹性调度功能就派上用场了——某太太想，家里冰箱里的菜量也还够，于是就多分了几把菜给准备宴客的某妈妈。说穿了，这群人正在找回现代社会中逐渐淡薄的古早人情味。

每周一次的共同购买也给班员提供一次聚在一起共食的机会。当天，李家的厨房开放使用，班员加上家属们，里里外外好不热闹。每次共食成员不一定彼此都非常熟悉，所以从厨房里出来的姐妹们，就一律被称呼为"大嫂"，但正牌的"李大嫂"可只有一位啊！经历过几次尴尬小插曲后，大家就愈来愈熟悉了。

共同运作，共荣也共享

在李旭登的经营下，原是以买菜为出发点的团体，提供班员参与的活动却愈来愈丰富，李旭登俨然成了"活动天王"，而这一切也都是拜主妇联盟合作社在当地资源不足所赐。最初是因为宜兰没有本地解说员可以主持入社说明会，新进社员得一律在同一日到班长家，静候解说员从台北赶过来。为了打发时间，李旭登干脆办些活动，即使是单纯介绍合作社产品也好。另一个理由也是时间因素——宜兰至今尚未设立站所，但只有站所才定期举办常态性活动，如果社员要参加活动，即使是到距离最近的台北，也得花掉一整天时间。

于是，冬山班有了蛋糕烘焙课、植物拓染课、衣服教作课等等，有时是请外面老师来授课，有时则是请班员跟大家分享自己的专长。李旭登小儿子身上穿的一件原色天然棉的背心，上头还有植物拓染的图案，如此独一无二的衣服，就是分享课程的成果之一。后来，冬山班也有了"宜字第001号解说员"，这是李旭登的另一个头衔。跟随他的脚步，陆续有了五位解说员，但李班长办活动的热情再也减不下来了。

依据主妇联盟合作社规定，当班员的共同购买达到一定金额时，担任班长的社员就可以拿到一笔回馈金。李旭登的想法是，冬山班是大家共同参与才得以运作起来的，因此得到第一笔回馈金时，他与班员共同讨论该如何运用，最后决定，一部分用来支付班务或办活动所需开销，一部分当作教育训练费，包括聘请上课老师的讲课费、购买班员共读书籍的费用等，最后一小部分才留给班长自己。

经历了几个夏天之后，李旭登决定用回馈金添购冷冻冷藏柜，不仅让生鲜好放好拿，更重要的是，让班员可以更从容地来取菜。但这类采购的机会也不多,于是他突发奇想,借用信用卡的奖励消费方式,也就是当回馈金每半年累积到一定金额,就按照班员的消费额,以扣抵菜钱的方式回馈给班员,"买得愈多,省得愈多"这等营销方法,在这里也行得通!

就这样,冬山这个班就由全体班员共同守护着,大伙儿乐意参与,也主动帮忙。唯一让班员颇有微词的,就是向合作社订购的东西,到货时,经常会缺个一两样,比如要做柠檬爱玉,不是欠柠檬,就是少爱玉,有时则是红糖缺货,让人好生无奈。所以,对李旭登来说,参加共同购买就像买彩票,预订的东西都到齐就像中奖一样,是意外惊喜!有这样的心态面对缺货问题,就比较能释怀了。

制作废油皂,善用年长劳动力

对李旭登来说,组班是从关怀自己开始,拓展到串联社群、发挥共同购买力量的一种实践,他下一个关注的焦点,则落在每天生活的环境上。为了因应宜兰农地环境的日益恶化,田间豪宅超量兴建所带来的田地破碎化与污水排放问题,本地小农组成了"守护宜兰工作坊",李旭登也责无旁贷地加入其中。然而,推动"农地农用,农舍农用"相关规定的落实是一条漫漫长路,李旭登闲不住,此时,主妇联盟基金会长期推广的制作环保废油皂,在他脑中灵光闪现。

乍看之下,制作废油皂实在难以与推动相关规定落实一事相提并论,而且也显得微不足道。不过,李旭登自己的信念是:从基本做起,日积月累的微小改变,最终一定可以让大环境往好的方向发展。"我是合作社社员，用的是可分解的洗剂，但我走出去，还是得面对其他人使用石化洗剂带来的污染。"他知道，自己不可能独善其身，他也认为，只要越来越多的人改用废油皂，就会有越来越少的石化清洁剂流入河川污染环境。

有了好的想法，该如何开始呢？在李家旁边的一处闲置用地上，李旭登意外地开展了他的废油皂生产计划。他先是邀请了住在附近的长辈们一起来帮忙整理现场，之后送给每人一块废油皂当作答谢。他也开始自己动手制作废油皂，经常就在自家门口不停搅拌一大锅神秘液体，这举动果然引来了好奇的邻居前来一探究竟。当村里的社区活动中心有课程时，他甚至会带着材料、器具前去，讲台前老师上课，他则在教室后方做起废油皂。废油皂原料则多亏了名丰豆腐协助提供，后来县政府在各社区设置废油回收点，废油来源就不虞匮乏了。

李旭登这种看似打游击的方式，成功地吸引了不少社区长辈加入废油皂生产。但他不是单纯要帮老人家打发时间，他通过这样的计划、鼓励与陪伴，将这些年长者的闲置劳动力转换成了经济力。

按照废油皂的标准制造流程，四升废油可以做出40块肥皂，半个多小时就可以完成前制作业，然后静待熟成（45天）就大功告成。李旭登想，老人家们在社区活动中心排队等着唱卡拉OK的时间，用来搅拌废油刚刚好。一开始虽只是抱着姑且一试的心态，但随着成品慢慢累积，他似乎也看到了下一个愿景："如果能让他们自产自销，就可以维持产业永续发展。"

在李旭登看似天马行空的推广下，长辈们竟也撑起了这项社区产业，销售所得也回馈到自己身上，包括老人日托、供餐等，而长辈们所使用的碗盘清洗剂，当然也就是自己所生产的废油皂啰。

当产品能够赢利后，下一步的思考，总是着眼于如何追求最大利润。但李旭登认为，那是资本家做的事，对他来说，能够达到人与人之间的互动、情感的交流才是最重要的目的，也是最珍贵的价值。

小小一块废油皂在李旭登眼中用途却是无限大。每逢举办入社说明会，他会送每位新进社员一块废油皂，让他们有个环保初体验。每周一次在自家工作室的废油皂教作，也一直进行着，并且通过合作社每周出版的《生活者周报》，让不只是邻居还有更多社员可以知道这个活动信息。

资源与学习，互惠且互享

李旭登还有另一项事业，就是推广雨水回收系统，这起源于他一个简单的愿望："要能够心安理得地冲马桶，而不需要浪费可以饮用的干净水。"2010年台湾河川会议召开时，他带着废油皂来到场外摆摊售卖，同时宣传反美牛及展示雨水回收系统，因缘际会结识了学有专精的专业人士，并得到极大的鼓励与引介，让他从此迈向倡导雨水回收系统的"不归路"，"氧化铁工作室"也因此而生。

合作社与李旭登之间原本是一种资源提供与学习关系，他从合作社购买安心食材，同时也获得学习渠道，以及饮食、农业、环保等相关信息。对雨水回收系统研究有成之后，李旭登回过头来,开始将资源回馈给合作社,而合作社的组织特性与他担任班长的经验和历练,也成为他宣传理念与实践方法的利器。

李旭登充沛的行动力不仅带起一个班的活力,甚至有如磁铁般让散落四处的社员纷纷出列,自动向他靠拢。又是一次因缘际会,他结识了在县政府农业处服务的社员,因彼此对家乡环境改善都有一番理想抱负,于是又找来同是本地班长的第三人,向农业处承接了项目。有了公家单位的支援,李旭登带着几名班员推广废油皂与环保酶制作,一年之内教了700余人次,成绩相当可观。新的年度计划"可食地景"也蓄势待发,他要尝试以种植蔬菜水果绿化生活环境。当其他城镇一窝蜂在玩花博时,他们却看到不一样的好风景。此外,他们也接到了冬山乡乐龄活动中心的开课邀请,李旭登盘算着要把合作社的环保理念、蔬菜硝酸盐减量,连同华德福的教育思想,一并打包,要给合作社以外的民众来一场不同观念的洗礼。

李旭登所努力做的这一切,其实都是为了储备劳动力,为下一个目标做准备,也就是成立劳动合作社,连名号都有了——"快乐微笑分享团""打零工合作社"。在他脑中已勾勒出一幅蓝图:众人出资,一人收100元股金,并聘请专职人员,负责与公家机关相关部门洽谈。如此彻底地实践合作社理念,李旭登恐怕又要再度荣登"开兰第一"了!

几年前,由于妻子待产,李旭登辞去了班长工作。不过,后来他又组了一个班,跟之前相比算是"小班",班员人数一直是个位数。从超级大班回归到小班,让他深刻体验到"大不如小",因而也"辅导"不少班员各自组成小型班,甚至协助代找班员,他还自嘲有如"北港妈祖分香"。

若说主妇联盟合作社像一棵大树,那么这些班及班员就像种子,在大树遮阴下,遍地开花。在他看来,班的灵活度与多功能性是站所所望尘莫及的。他也认为,站所与班相较之下缺乏弹性,且消费者倾向于班;班虽小,却更能够保持合作社的互助精神。在这个人与人之间缺乏真实互动的数字时代,班能够提供的就是有温度的人情味。因此,就算班相对于站所常会有订货不到的困扰,但李旭登依然坚持,本地不需要站所,反而可以成立"发货中心",寻找符合合作社标准的本地生产者,将农产品直接供应本地社员。

"虽然路途有点遥远,但要尝试做做看。"从李旭登身上,我们看见一个又一个善良的循环被努力推动着,而一切源头也许就是从他与妻子在街头巷尾发现了主妇联盟合作社好处的那一天开始,而他也为自己、为周遭的伙伴,开创了一处人情好所在。

顶真相待：桃园杨梅班

成立：2001 年成立。

特色：班员人数从七人左右，扩增到三十几人，以家庭主妇居多，有较严谨的班规，因为相信，有共同想法才能一起共同购买。

接近中午 11 点左右，合作社配送车开进了位于半山腰的阳光山林社区。车子才刚驶近一户开放式庭院，门口已传来元气十足的指挥声："来！来！来！可以再后退，好！"但一瞬间人影就消失了，大门旁早已放妥两摞等着司机载回的空货篮，屋内也已经用厚纸板区隔出行走的路线，以及各类产品应摆放的位置，就等司机卸货。

将这些里里外外安排妥当的，是杨梅班班长林岱萱，看起来活力十足的她，很难想象曾为免疫系统疾病所苦。细数杨梅班历任班长的服务时间，就属她"撑"得最久，七八年时间就这样过去了，其间，虽然也曾因为要照顾家人暂时卸下班长一职，但后又回来重掌班务，原因之一竟然是："我担心装蔬菜的可回收塑料袋被当成一般垃圾丢掉！"

林岱萱是个不折不扣的"环保分子"，执行班务中有不少时间是在处理包装材料回收。她的环保启蒙来自大学的"国父思想"课程,授课老师钟丁茂"不务正业"地开了一串有关环保的书单,让她从此走上捍卫环保价值的道路。所以在安心共同购买的同时,林岱萱也努力实践着自少女时代就怀抱的环保梦。

不着痕迹小提醒,实际数字说服人

  主妇联盟合作社的创社元老们都是一群重视环保的女性,因而对于合作社的包装材料都尽量做到减量或可回收再利用,不少社员就是冲着这一点而入社的。然而,每个人随手可做的事,如果全部集中在一人身上,可就成了一个浩大工程。在杨梅班,举凡蛋盒、饼干外包装盒、网袋、蔬菜袋、酱料瓶等的包装材料,就全数集中到林岱萱这边,由她稍加整理与分类后,下一周配送车来时,再顺道载回去。

  但在家里收纳这些回收品,也必须顾虑家人的感受,所以林岱萱得想尽办法,"藏"到不让下班后的老公会有回到仓库的感觉。而放在庭院的大型货篮和回收物,她还特地去买了大帆布来遮盖,以免被风雨打坏,确保它们能再度被使用。

  "有的班员交回来时不够干净,还得再洗一遍。"类似这样的事情还真是不少,但林岱萱做得很心甘情愿,只希望能提高班员交回包装材料的意愿。她也明白,如果以紧迫盯人的方式倡导环保理念,只会把对方越推越远,所以她采取了不着痕迹的"温馨小提醒"方式,每隔一阵子,她会在墙上贴出一张 A4 纸大小的公告,上头的字体偏小,还要稍微贴近才看得清楚:"各位班员,如果我们班有 × 人,一周可回收 ×× 个塑料袋,一年就可以回收 ×× 个塑料袋……"务实的她,选择用实际数字说服他人接受自己的想法。

虽不走苦口婆心路线,但她愿意担下琐碎冗杂的工作,她告诉班员,只要大家把可回收物带回来,之后的事就交给她。班员们也以实际行动力挺,每周来取菜时,手上也会拎着一袋准备交给她的回收物。有部分班员执行得彻底,甚至连合作社以外的包装材料都收拢来一并交付,但她可不会照单全收。她坚持:回收的包装材料要确定没有农药、防腐剂等化学有害物质残留,不然,农友投入了无数时间与精力,以善待土地的农法所辛苦生产的农作物及加工品,却在最后装袋阶段受到污染,岂不冤枉?

十多年前,基于购物不便而组成的杨梅班,意外成了林岱萱实践环保理念的平台。最初是几位教会里的朋友在社区里相互邀约,于是六七个人就组成了班。林岱萱自己则是基于安全考虑,因不想带着当时还年幼的孩子骑摩托车下山购物,再加上自认厨艺不精,对于食材没什么特别坚持,因此就欣然入社,成为班上一员。

后来,时任班长有意卸职,在找寻接替人选时,从一些小细节进行观察:"谁家空间比较可以摆货""谁家老公比较不会碎念",当时林岱萱是专职主妇,另一半担任教职,作息规律,该上班的时间都不会出现在家里,于是被列入接任班长理想人选的名单。加上在杨梅班平常互动的过程中,她的啰唆个性渐渐被发现,因此,在理想人选中的排名次序,急速往上攀升。

当时,杨梅班班长一个月大约可以获得4000元回馈金,林岱萱就是被这项"实质的回馈"给"拐"了进去。然而,实际担任班长多年后,她更是理直气壮地认为,合作社应该要将"回馈金"正名为"劳务费"!从组班初始,杨梅班就是由班长统包所有工作,林岱萱也延续这项传统,包括接班员单、向合作社下单、接货、收款等,这当中有太多劳动的细节,累积起来对身体可是实实在在的负荷。即使是坐着也闲不住,班员会问产品、问内容、问"你订了没",班员的牢骚、抱怨、疑问,她则耐心一一过滤之后,理性反映给合作社,然后再充当翻译机,将合作社的回复以班员能接受的方式予以转达。虽然通常林岱萱以电话联络就能搞定,但月底惊人的电话费账单却也透露,沟通与传达真的没那么简单。当然,为了常要督促班员尽早取走正在退冰中的生鲜,她也贡献了不少电话费。

以诚信领班,顶真相待

拥有一千多住户的社区,在经营者眼里,或许是一个充满发展潜力的市场,但是,主妇联盟合作社这种"班"的共同购买,却需要参与者的合作,以及带领者的付出,相互配合,运作才能顺畅。因此,由林岱萱一人亲力亲为的杨梅班,在社区里相当低调,30多位班员,对她来说已经是班员人数的极限。但在这个班,社员一旦加入了,除非因搬家或其他原因无法配合取菜时间,否则没有人轻言退出。曾有社员因人数满额而悻悻改入别班,却未因此放弃加入的机会。即使日后终于如愿加入,仍念念不忘哀诉班长最初的"无情",这也让林岱萱觉得既好笑又颇有成就感。

所以,在林岱萱的字典里,没有"来者不拒"的字眼,人社说明会正好成为她筛选新进社员/班员的机会,她会在这个双方决定好好坐下来了解彼此的场合里,仔细说明"什么是合作社""主妇联盟如何以共同购买实践绿色消费",聆听者如果能熬过瞌睡虫的攻击,甚至表达出兴趣与认同,在不超过体力、时间与家里空间负荷的程度下,她必定满心欢喜地迎接这样的新社员。

林岱萱自认为要以"诚信"领班,账目清楚,只要账面数字与现款有出入,她就每张订单重新计算,检查到底哪个环节出了差错。不管多收少收,也都会如实告知社员,留待下一次订单中多退少补:"我是多/少一块钱就会觉得很不舒服的人。"当然也会有班员对班长还不能交心,委婉地借了计算器便埋头按数字,没想到总计出来的应缴金额,居然比班长报给的数目还更多时,自然马上就打消了验算的念头,从此以后就信任班长,绝无二话了。

林岱萱处理班务大小事时,那种"顶真"的态度,自然而然就能让班员信服。当每周一次的配送车送来班员订的货后,她虽然只有半小时时间,但仍将所有货品依照蔬果、冷冻、冷藏、干货,依分类各自摆放成区。不多时,家门口就开始出现晃动的人影,三三两两身着家居服的主妇们纷纷推门进入,像是"走灶脚"一样,长驱直入到由饭厅变身而成的办公室,而林岱萱就坐镇在餐桌一端,一叠回收纸、几支笔,以及产品列表,早已方正摆在桌上。大家轮番入座,填写下周订单,也付清本周款项。晚到的,就先去前头客厅挑拣出自己的货品。林岱萱应对这些事务可以说是迅速准确,因此在不断有班员上门取菜的状态下,现场仍能够像有秩序的流水席一般,且她还能抽空高声回答来自客厅的班员询问。

班里的购买,绝大多数出于家庭生活的日常需求,当然,有时候也可能是因为个人无来由的嘴馋。而对于所订购的产品,很多时候其实是在班员互相讨论之中激发出来的想象。因为不像在站所里有实物可亲眼看见,班员手中只有产品订购单与《生活者周报》,众人你一言我一语,有时班长都还来不及参与意见,就有人开始动笔写订单了。

只是,合作社对于班、站所的产品分配,其实是一门复杂的学问。常有班员下了订单,却取不到货,原因可能是产品数量不足,优先分配到站所,也有可能是食品属于不耐久放的类型,受限于班一周才一次的下订单与配送,所以只能全数配给站所。而这些幕后细节,也是担任班长多年后,林岱萱才渐渐把问题"看明白",面对状况发生,也能够以体谅代替"气得跳脚"了。

合作的学习与收获,生活更带劲

主妇联盟合作社这种班的共同购买,与一般团购最根本的不同,就在于对善待土地生产者的支持。杨梅班的班员们看似注重宅配的便利性,但他们的支持对象,却能跨越合作社范围,将共同购买的目标指向他们自行探索的友善小农们。班员们还仿效合作社与生产者的合作模式,跟小农契约耕作。也因为餐桌直接碰触产地,班员们才深刻了解到农产品收成的不确定性。在产量超乎预期时,主妇们的厨房简直成了加工厂,众人以加工成果酱、蜜饯……所有想得出、做得来的加工方式，拼命生产，而那期间，不管是馈赠亲友的伴手礼或是早餐、下午茶，一概送得豪气、吃得开心。

林岱萱形容自己是个"不安于室"的人，即使结婚成家、生儿育女，还是希望让自己保持最佳战斗的状态，未来如果有机会重回职场，就能带着自信从容上阵。带着这样的初衷进了合作社、当了班长，才发现主妇们聚在一起，所看见的世界其实也可以宽广精彩！林岱萱把社区里主妇间的串门提升为"观影会"，主妇们一样轮流到每一家吃吃喝喝，但客厅里电视上播放的可不是股市现场或万年韩剧，而是林岱萱向合作社借的影片。林岱萱懂得善用合作社资源，将社里一系列与食品教育、食物安全、环境保护的相关影片，一一列进她的借片清单。她也深知主妇们在家里打转的空间，不是客厅就是厨房，所以她举办不同主题的厨艺分享会。没想到最大的成果之一，就是让向来不热衷此道的自己，也直呼蛮好玩儿的！

进了合作社，消费不只是消费，而是通过有意识消费，为保护环境尽一份心力，久而久之，她们似乎连出门旅行都养成重口味——少了"寓教于乐""专人导览"，主妇们就跟忘了做防晒一样不自在，风行于合作社内的"认识生产者之旅"，正好同时满足她们这样的需求。位在桃园地区，专门供应合作社黑毛鸡的黎家养鸡场（生产者黎德斌），于是成为班员们的必访景点。此外，供应北部社员的杨梅郑家菜园，除了乐于接待，生产者郑瑞侃更是全心全意地投入，和班员一起参与"地区营运"，主推"来我家种菜"。他菜园里有着现成的健康安全土壤，班员们则趁着地利之便，乐当快活的兼职农夫。

　　班长生涯，林岱萱自认为尝了不少甜头，但事实上，更多时候她是承担许多乏人问津的工作。她曾当选过社员代表，也曾在合作社"合作找幸福"活动中，主动顶替出缺的人力；参与讲师培训后要选择主题开课，她认领了较不受青睐的合作教育。对林岱萱而言，每一次自发性的参与，就是一种学习。合作的学习与收获，让她脸上有光、走路带劲，但又不失自己的主张："我不走太快，我走得很稳！"参与共同购买20个年头后，她知道必须保留实力，留待下一个20年，继续努力。

生活与学习的好地方：台北天母站

成立：1999 年成立。

特色：原来为士东取货站，早期曾是观树基金会赞助空间场地。社员约 1700 人，年龄分布较广，30—65 岁，上班族、家庭主妇都有，因邻近日侨学校和美国学校，故有较多外籍社员。此站活动能力很强，场场爆满。为促进外籍社员认识台湾，常开办传统节令的食物教作，协助外籍社员及其家人融入台湾本地生活。

结束当日值班工作，林玉霞回到家中，打开计算机，将执行完毕的工作档案，分门别类存到文件夹中，接着，为了下一个工作需要，再逐一检视这些文件夹，从中反刍出一些不同想法，并开启一个新档案，开始键入脑中浮现的工作计划。多年来，她保持着留下记录与回溯检视的习惯，目的在于，未来当她从站长职位退下时，不管是谁接班，都可以从这个丰富的数据库获得经验传承，以及各项疑难杂症的解决之道。

"A4" 的经营策略

林玉霞，天母站站长，说她是菜篮界的专业经理人，真是一点都不夸张。站里的大小事务，她管理得井然有序，她的经营秘诀,大体而言不出以下几个关键词,就是A4纸、memo以及表格。

小小一张A4纸,其上的内容可是包罗万象,包括最受社员青睐的食谱、"使命必传"的合作社重要行事、社员要遵守的基本规范、站所每月活动预告,以及产品简介等,只要社员一踏入站所,不管走到哪儿,视线范围内必然会出现这些公告。林玉霞甚至还考虑到,A4纸的尺寸,"用智能型手机就可以照回去",所以一定在一张A4纸内交代清楚所有信息。

站务人员也有他们专属的A4纸,相较于班长传递给社员简单明了的信息,站务人员A4纸上的内容则巨细无遗——排班表与每日工作项目一定少不了,此外,就是SOP大全:举办产品教作活动要落实哪些事情、该准备哪些食材、邀请讲师时可以讲哪句开场白、讲师的谢礼得准备什么,等等。如果还有注意事项,却不知该如何归类的,就一律放到"Q&A"中。将这些A4纸结集成册,肯定就是一本沉甸甸、翔实又好用的工作圣经了!

memo,顾名思义就是方便性强、机动性高的小纸条。这些小纸条上记载的大多是站所盘点日的营运时间要提早到几点关门,或是下一周包粽子教作活动的时间,或是合作社的网址与查询关键词。"这张,你拿回去'糊'在你的冰箱上。"这些随手可拿取的小纸片,是针对高龄长辈的贴心设计。小纸片可以用回收A4纸大量制作,也不担心记性较差的长辈需要一拿再拿。

memo的另一个用途就是"实时通"。当社员在货架上看到一瓶姜黄粉,正想请站务人员说明用途,下一瞬间就看到一张

memo纸粘贴在旁，心中的疑问立刻有了答案。还有合作社的蜂胶跟市面上的产品差别在哪里？适逢缺菜期可以有哪些替代方案？黑金文蛤真的已经吐不出沙了吗？……社员面对产品时，脑中可能会浮现的大小疑惑，memo都已经事先备妥答案了。

表格的使用，也是林玉霞很自豪的地方，她擅长制作表格，将站所工作分天、分周、分年，清楚地列在表格里。"谁开门、谁验收、谁负责配菜、谁结账、谁下单冷冻或生鲜、谁登记冰箱温度"，是每天的例行公事，极其琐碎繁复，充分运用表格，就不需有人时时刻刻紧迫盯着另一人，也不需自己焦虑地想着到底做了没。

不管是A4纸、memo，还是表格，全都是林玉霞亲自敲键盘敲出来的。相对于许多资深熟女对计算机的距离感，林玉霞却很乐于也善于利用现代科技，实践"白纸黑字是最好的方式"的信念。她运用了这三样"神器"，有效地管理了站务工作中无数的小细节，避免了站务人员因疲于奔命而影响情绪。

姊妹般的站务伙伴与寻找志工小心机

林玉霞深知，天母站有个最大优势，就是站务人员都住附近，"骑摩托车不超过五分钟"。站所存在的主要目的，就是能够服务周边居民，创造一个人人可以参与的社区生活好地方。所以，当站务人员"晚上出来散个步，也会遇到社员"，社员来到站里，必定也会感到格外亲切，彼此还可以分享社区生活情报。

天母站的工作人员，其实都是林玉霞的好姊妹，深厚情谊早在一起工作之前就已经累积奠定，连退休时间与意愿，这些女人们都达成共识，而在退休之前，"不管怎么样，都要互相硬撑起来"，没有人会轻言离开。就因为她们有感情基础，工作上偶有疏漏，也不会苛责或挑剔，而是先互相调侃："该去吃白果了（暗指健忘）！"因为是好伙伴、好朋友，她们互相体恤："我觉得你应该休息两天"，然后心甘情愿顶替出缺的人力。

当然，一同苦中作乐更是少不了的，大伙儿会趁工作空档速速泡杯咖啡，互相倒倒心里的垃圾。每逢工作爆量的盘点日，总算撑到结束，大家再一起吃顿丰盛晚餐。遇上紧急状态，林玉霞更会拿出站长气魄，"随时打电话给玉霞，随时会出现"！大家这样合作相处，姊妹们不窝心也难。在站所，几乎每个工作人员都曾遇上被失礼社员指着鼻子大骂的场面，如果不是个性强韧，以及好姊妹们平日的相扶持，"有个爆发点，站务工作就无法进行了"。

为了站所的永续经营，林玉霞以招募志工的方式，为日后的站务人力预做储备。她采用"细水长流"的策略，每次安排志工来站所帮忙的时间至多两小时，让对方慢慢了解站所运作，也一点一滴建立起对站所的认同。此外，虽然合作社提供以工作时数换取合作社产品的小小奖励，林玉霞还是动用了天母站自有公基金，以现金方式回馈给志工社员。这不是交换，而是一种务实的心意。天母站在最近一次的站所搬迁时，一口气就来了十几位协力志工，让林玉霞既开心又骄傲。

思路清晰、做事按部就班的林玉霞，物色志工也绝不是碰运气般的"乱枪打鸟"。她会先观察一段时日，如同狩猎者般，一旦确认对方具有自己想要的特质，等到适当时机，也就是双方交情达到一定程度后才出手。热心、喜欢分享、温和不急躁、口齿清晰且讲话速度快慢适中，都是林玉霞衡量志工的标准。但如果志工完全具备了这些条件，却完全不会做家务，也没进过厨房，她就会持保留态度："如果有社员问这是葱还是蒜？万一回答'我也不晓得'，这就糗了！"志工年纪太轻也不适合，因为站所不是只有买卖，而是需要与人经常交流的场所，能有一点人生历练，会让互动更加投缘。

和社区大学水平相当的活动课程

站所当然不只供应生活材料，天母站各种各样的活动课程内容，和社区大学的课程相比，也毫不逊色。同样身为人妻与人母，林玉霞对于妇女的喜好与需求，有其敏锐的判断力。如何为孩子制作安全的点心、一周怎么吃、早餐如何搭配、怎么给孩子零用钱、怎么面对婆媳问题、环保蟑螂药DIY、环保废油皂制作、旧衣改造……各类课程，涵盖烹饪、教养、人际互动、手作DIY等各项内容。她也和母乳协会合作，专门为新手妈妈举办温馨的母婴聚会。通过这些林林总总的课程与活动，越来越多的社员喜欢，也习惯聚集在此，这里有温暖的人情味和浓厚的学习氛围，即使只是到站里和大家聊聊天，也都会"觉得心里很舒服"。

天母地区的国际化居民是其独特之处，当然也成为林玉霞的考虑之一。她会试着从外国人角度思考："如果有人愿意为自己安排一些活动，来介绍他们国家的饮食与文化，那自己会超开心的。"所以，林玉霞会请日籍社员提供意见，也请他们广邀同乡，只要是这些外籍住民想学的台湾料理，无论是炒米粉、刀削面，还是胡椒饼，通通来者不拒，或者是配合传统节日，像端午节就教包粽子。语言不通，她就央请会讲日文的社员协力翻译，语言不是问题，最重要的是彼此打开的胸怀与善意。

林玉霞将天母站经营成一个资源集散地，也邀请周边学校到站所开展学生学习活动。有社员在初中担任老师，就将学生带到天母站，进行小型校外教学，通过与林玉霞的问答交流，进行食农教育。邻近的士东小学举办幼童军闯关活动，天母站也是其中一关，林玉霞当然是关主，而社员在站所的例行公事，例如详读包装说明、回收物分类，也都成为闯关设计的一部分，真正寓教于乐。林玉霞也乐于到校园讲授食育[1]与食品添加物，同时介绍合作社。

对林玉霞来说，贯串在这些活动或课程之间的，就是主妇联盟合作社的理念与产品，她在办活动的同时，会不断提醒参与者合作社的核心价值所在，并宣传不为人知的生产者群像。而让合作社的理念得以遍地开花，社员常是意想不到的种子，像台北妇女中心、天母社区发展协会、台北水当当姊妹联盟等妇女的、社区的民间组织或团体，都有社员参与其中且热心牵线。这时林玉霞便会拿出招牌开场白："如果你的社区、邻居、社团，只要有五位以上人员，就可以协调时间，我来帮你们办入社说明会，还有简单的合作社产品试吃喔。想试试无二氧化硫的黄花菜的风味吗？"这就是林玉霞的小奇招，凭借的不过就是合作社诚实的好食材。

---

[1] 编者注：所谓食育，就是良好饮食习惯的培养教育。

林玉霞是三个孩子的妈妈，也是不甘于局限在家务中的女性，除了继续发挥专长为儿童杂志编写食谱、在百货公司上烹饪课之外，她还通过担任学校志工与参与社区事务，来与社会保持联系，正是她积极地参加社会活动，让观树基金会执行长发现了她的经营潜力，让她从此与天母站结下十年之久的缘分。

　　十年来，天母站从一个每周只经营两个下午的小小取货站，到每个月社员平均消费额超过 200 万元的大型站所，林玉霞功不可没，但她把这一切看得云淡风轻："这是自己应尽的责任。"在站所的每一天，她按照自己的标准与步调，将产品管理、人力资源、活动规划等站务工作，尽力"做得尽善尽美"。

　　"经过时，就想进来喝杯水，来看看老朋友。"对林玉霞来说，最大的成就，可能莫过于天母站给社员的归属感。社员没事也想到站里走走看看聊聊天，厨房里缺了什么，这里是不可或缺的采买好地方！天母站，仿佛也是社员们在社区里的另一个家。

本地生活的力量：台北奇岩站

成立：2002年11月成立。

特色：社区型站所，社员约800人，以奇岩社区住户居多，是女性自组劳动事业的社区典范，也是共同购买运动中，唯一社区发展协会与主妇联盟合作社合作的站所。因奇岩站与奇岩社区发展协会关系密切，故形成奇岩站、社区烘焙坊和社区发展协会的密切关系，它们共享空间，因此站内面包飘香。

奇岩社区位于北投丹凤山脚下，不管何时走进去，都是一派安静的气氛。主妇联盟奇岩站是社区里少数店家之一，其运作方式也有些与众不同——不少人进了门后，一时半刻也未见结账离开，有些人聚集到后方小教室，讨论最近社区里房产商开发土地的环保问题；有人直接上了二楼，穿上工作服，准备制作面包；有人则在前方产品陈列区，一边挑水果，一边与站长聊天。

站长张美燕，既是社区居民，也是社区发展协会成员，更是主妇联盟合作社资深社员。因此，进到站里，可能听到她正聊着社区里哪间美容院值得推荐，也可能正在说，社区发展协会下周日有个嘉年华活动，有跳蚤市场，可以来寻宝！有时，她可能正在为刚到货的番石榴"美言"，希望社员不要因为它们外皮有点丑,又带着白斑,而错失它的美味。

来自南投的张美燕,婚后来到台北奇岩社区定居。跟多数全职主妇一样,大部分时间都在照顾家人与处理家务,但她内心始终有一份对"学习"的热情,因而加入了社区发展协会举办的妈妈读书会,也因而接触了共同购买,于是,和其他妈妈们共组了买菜班,还当上班长。奇岩站成立后,接任站长。十多年下来,张美燕充分发挥主妇特质,将奇岩站经营成社员在社区里的另一个温馨的家。

源于本地生活的一股力量

就在社区一栋小面积的三层楼透天厝里,奇岩站、奇岩社区发展协会、社区妈妈烘焙坊三个单位齐聚在一起,一楼是主妇联盟奇岩站门市、仓储及活动教室,二楼则是社区妈妈烘焙厨房及协会办公室,三楼仍由房东继续使用。由于空间实在不敷使用,一楼的活动教室更像是多功能用途室,举凡站所举办活动、站务人员开会或日常休息、社区发展协会的会议,都轮流使用这个空间,甚至,其他地方容纳不下的存货,也会存放到这里。

奇岩站的诞生,源于一群社区居民对于本地生活的努力经营。话说从头——1994年,奇岩社区发展协会成立,初期就以读书会方式凝聚参与者的向心力。在这个以妈妈为多数参与者的组织,优先共读的图书就是有关孩子的教育及饮食安全的。同样是由一群妈妈组成的主妇联盟环境保护基金会,自然成为奇岩妈妈们请教的对象,通过基金会推介,社区里的妈妈们开始参与共同购买运动，她们陆续组成了几个班。

2002年，奇岩社区发展协会参加了台湾环保事务主管部门所举办的，以"推广绿色消费及共同购买"为主题的环保示范社区竞赛，张美燕与另一位协会成员邵子容在竞赛过程中都参与甚多。比赛结果，奇岩社区不但获选"全台湾十大环保示范社区"，还领了一笔20万元的奖金。就在这天时地利人和的情况下，奇岩顺利成站，一张桌子、一台小美冰激凌款的掀盖式冰箱，加上一个两门冷藏库，奇岩站开张了。张美燕与邵子容也成为站务的负责人。

两人可以说是"校长兼撞钟"，担下了奇岩站所有的责任与劳务。除了努力推行绿色消费与共同购买之外，她们也将自身的烘焙专长带进来，用合作社的安全食材、健康做法，制作各式美味点心，供社员选购。

回顾奇岩站的第一年，颇有一种童话故事的氛围：在公园的绿荫深处，有一间败落已久的白色房子，终于盼到两位优雅的女性带来新鲜活力，她们各有一双巧手，能变幻出一桌子各种好吃的点心。只不过，美好的故事情节却到此为止，现实则是"万事起头难"。

首先，站所成立，一定会面临店面选择与租用问题。幸好，就在此时，奇岩社区发展协会以"闲置空间再利用"的名义，向相关部门争取到了社区公园内一栋空屋的使用权。奇岩站的进驻算是一个尝试。

站所有了栖身之处，但除了社区里原有班员，几乎没有过路客或专程来参加共同购买的人，一整个月，消费额不到十万元。因此，每次订货时，张美燕、邵子容都要斟酌再三，尤其是购买率不高的产品，彼此总要不厌其烦地相互询问："你确定会买哦？"进货之后，如果还是乏人问津，也只能赶在过期之前自掏腰包买下。两人微薄的薪水，也就这样几乎全数贡献给合作社了。

没有人上门消费，到底该如何招揽顾客呢？张美燕与邵子容一方面土法炼钢式地不停打电话，恳请社员多多来往走动，另一方面也挽起袖子，发挥特长做点心，一则可以消耗站所里即将到期的食材，避免浪费，此外，也希望以手艺吸引社员。

就这样，坚持了一年左右，最后竟因为"公有空间不适合进行商业交易"为理由，奇岩站必须迁出最初落脚的公园一隅，搬入了巷弄间的寻常民宅，以"好邻居"的形象重新出发。

在住宅区里开店，无可避免地需要一段与左邻右舍间的磨合期。最明显可见的，是开车前来站所的社员，为向来车流量极低的巷道带来了废气排放与临时停车挡道的问题。另外，站所里冷藏设备的风扇运转声，在宁静的街坊里似乎格外明显，甚至成了有些恼人的微量噪音。

但不知从何时起，隔壁邻居加装了气密窗，原本一上门就皱着眉、准备抱怨的神情消失了，取而代之的，是拿块蛋糕、端杯咖啡，进来站所与工作人员分享——蛋糕，还是从站所买的呢。或许因为熟悉了，包容也跟着来了。而这一切微妙的转变，让张美燕深信，主妇联盟合作社充满友善、正面价值的理念与实践，的确具有某种潜移默化的改变力量。

合作的美好与感动

奇岩站从社区公园迁出后，又历经了两次搬迁，但都只是前后巷距离而已。从两层楼透天厝换到三层楼透天厝，社员人数与合作社产品品类也随之增加，但空间不足的问题始终存在。所以，张美燕的烦恼跟其他站所负责人迥异——办活动，担心报名太过踊跃；产品进货与存货量更是"宁缺勿齐"，不然又得为陈列与储存伤透脑筋。所以，在奇岩站很少看到同款产品一列排开的壮盛军容，而是三包南瓜米粉后，接续着五包绿豆胚芽冬粉之类的摆放逻辑。

因站里的工作人员几乎都是本地的社区居民，也都有关注社区事务的热情，这样的默契给张美燕带来许多的便利，也让她心存感激。但空间的不足，却也一直让她对社员们深感歉疚，正如她把站所视为自己的家一般用心经营，她也希望来到这个"家"的每位社员，都能感受到犹如回家般的舒适自在。空间不足，也让她的很多想法，包括搭伙供餐、社区厨房、专属长辈的桌游空间，一时间难以实现。

然而，就在几年前，社区发展协会向市政府社会局申请项目补助，展开为期五年的老人送餐计划。当时，奇岩站还位在两层楼的透天厝里，但主要工作场所仍是在一楼，30坪不到的空间里，有烘焙坊，也有取货站。为因应协会的送餐计划，又增设了"绿活厨房"，于是，挤上加挤，一群主妇们每天共处在"五味杂陈"的氛围里，已经分不清是菜香，还是面包香了。

对张美燕来说，协会这项以关怀长者为出发点的社区行动，不但让她感到深具意义,在那段时间,还让她与另一群伙伴建立了珍贵友谊。当时,这个送餐计划主要的劳动力来自一群较为弱势的朋友,寒暑假期间,也会有大学生加入。他们会听候主厨发号施令,洗菜切菜,也负责送餐。有时站所陷入忙碌状态,这批人手也会转移阵地,协助处理站务。同样的,有时候"绿活厨房"人手出缺,站务人员当然也义不容辞,挽袖切菜洗菜去。合作的美好与感动,就在这样的互动之间全然呈现。

来自不同环境、不同年龄的一群人,却因着共同的目标与热情,而成为志同道合的好朋友。尤其"绿活厨房"的主厨大位,处在这个位置虽然很辛苦,却也满足了不少喜欢烹饪又乐于分享的家庭妇女们。甚至有来自其他社区的妈妈当主厨上了瘾,不但加入合作社,还时不时就到奇岩站开班教授烹饪课。

通过这项送餐计划,合作社不但集结了各方人力,也充分使用了合作社安心又安全的米与调和油。盛产期间的新鲜蔬菜在站所滞销,这时也被列入食材,丝毫不浪费。送餐用的餐盒则是采用不锈钢双层便当盒,为方便替换,一套放长辈家,一套放站所。对于讲求效率、便利的现代人来说,或许,买现成便当更有效率,也更方便。在"绿活厨房"里,一群妈妈们手忙脚乱,费时又费工,但意义可是大不同!

对张美燕来说,帮忙择菜、洗菜,甚至拿锅铲掌灶头,都只是举手之劳,出门协助送餐才真正让她深刻体验到这个工作的辛苦之处——骑上摩托车,后面载着两手提满便当的伙伴,循着地址,挨家挨户寻去,因为北投地形高低起伏,坡坎多,摩托车穿行其间,上下颠簸,好不容易找到地址所在,却是没有电梯的老式公寓,偏偏长辈就住在五楼。于是,只得拎着便当,一阶一阶踩上五层楼梯,"总不能请长辈下来拿吧?"但看到老人家拿到便当时欢喜的神情,一切辛苦就足以被抛诸脑后了。

在因应送餐计划的"绿活厨房"经营期间,每逢站所举办活动,包括社员们相偕到社区内丹凤山健行兼认识生态之旅,下山后,就一起回到站所,享用"绿活厨房"所"出产"的美味健康餐,可真是一天活动后最美丽的句点!

最初由张美燕与邵子容两人共同呵护下成长起来的站所,随着社员人数增加,消费额慢慢提升,两人也决定区分出工作范围:张美燕全权负责奇岩站,邵子容则专心打理烘焙坊。抱持着跟张美燕服务社区、社员一样的心情,邵子容也并非志在经营一家会赚钱的商店,而是希望营造一个可供更多人学习、分享的环境。

至今,烘焙坊已成为社区妇女安心就业的一处友善职场,而奇岩站也已成为社区居民的一处窗口。协会周报与合作社月刊在此流通互享,甚至站所也号召并凝聚了一群社区居民共同参与"反对丹凤山不当开发"之类的社区运动,以及反核的社会运动。虽然来自社区底层的这股力量始终有些微弱,但只要站所存在一天,就有继续蓄积力量的可能。社员们对在站所可能创造的共好未来,也始终充满希望。

美好的出发：台北公馆站

成立：1994年，以主妇联盟基金会义工为主体成立购买班，随后借基金会办公室一角成立主妇联盟取货站，2003年1月搬离基金会办公室，并改名为"公馆取货站"，2008年搬迁至现址。

特色：社员约1800人，上班族、家庭主妇均有，社员年龄分布较广，从30—65岁都有，近几年，共育和共老是持续关注、讨论的议题。该站有活络而多元的社员活动，在社员参与下，曾编制站报《公馆抱抱》，有丰富藏书可供借阅，不仅社员可借阅，邻近居民、学生也会来借阅。各式活动均由社员自行策划开展，内容包括亲子厨房、健康养生、外籍社员教作，等等。

"老大，你回来啦！"

已经卸下站长身份的黄淑惠回到主妇联盟公馆站帮忙的这一天，才刚在站所内公共休憩区内坐下，接二连三的招呼问候声便不断涌来，不少社员甚至忘了来买菜的目的，一个箭步就先冲来跟黄淑惠叙旧。忙到延迟了中饭时间的站务工作人员，也捧着刚热好的便当进了休憩区……这里有大型工作桌，方便众人讨论或各自进行手边事务，沿着墙边，还有一整排的各类书籍，比如亲子类、保健类、生态类等，站务工作人员还细心备有标签与借阅登记本。这里,仿佛是时光倒流的青春社团办公室。

原本是嘉义团仔的黄淑惠,对于大都会台北的体悟是:"房子越来越漂亮,但人却越来越疏离。"因此,她想复制自己生命经历中那段"大门不用关""爸妈不在家,邻居帮忙喂小孩"的敦亲睦邻生活。黄淑惠天生性格中的积极与干练,再加上她的健谈与爽朗笑声,让公馆站成为一块吸力超强的磁铁,集合了半推半就或是跃跃欲试的各形各色社员们,每个人都在这里找到了表现舞台、学习资源,以及可贵的人情味。

多元缤纷的活动,丰富彼此的生活

在公馆站,黄淑惠负责的工作就是"陪社员说说笑笑,让社员觉得这个地方是自己的"。看似天南地北的闲聊,但黄淑惠心里可是打着如意算盘,她希望站所扮演一个"节点"的角色,通过举办活动,串起社员之间的生活网络,达到社员与社员的横向联系,甚至组成不同的小团体。黄淑惠的"必杀技"是让社员在聊天过程中自己"招供"出专长、兴趣,甚至连有空的时间也和盘托出。"小大读书会"就是通过这样的运作模式成立的,一群家有学龄前幼儿的家长,除了固定一周一次到站所共读之外,也会相约一起进行户外活动,而公馆站就是最方便的集散地。

就像扔一粒石子进池塘里会泛起一波波涟漪,有社员开始抛出专业用语,建议黄淑惠应该要寻找"目标群众",再针对这群特定对象设计问卷题目,才能准确找出他们的需要。于是,

"以上课程项目,有兴趣请勾选""以上时段,方便的话请勾选",经过一番运作后,公馆站的活动主题便清楚浮现:食育、亲子烘焙、自然观察,连同先前的小大读书会一共四大项,同时也顺利找到"掌门人"。厨艺过人的新手爸爸,愿意来食育课程边煮边讲;曾有参与成长团体美好经验的资深母亲,想以亲子烘焙课程作为回馈;在自己社区推广受阻的热心妈妈,在这里满心欢喜认领了小大读书会;热心的奶爸愿意多带几个小孩,到户外认识生态。当然,社员报名踊跃不说,还有社员同时报很多课程,也有不少非社员上完课后,就赶紧打探入社说明时间了。

在其他站由站务人员主导经常举办的产品教作课程,在公馆站反而没有机会出现,黄淑惠也从来没把这个选项排进活动表里,因为她认为,站务人员最重要的"使命"是把产品安全、正确地交到社员手上,办活动应该是社员的事。此外,也有不一样的声音出来,有社员反映:以前那些开给大人的课程怎么都没有了。黄淑惠便顺势怂恿对方来开展活动或提供师资,没想到这样的方法也行得通!于是,公馆站又多了手工皂制作、气功教学,甚至还有公馆健行队、大人的步道等,看来这些大人的创造力可是不容小觑。

近年来,台湾食品安全问题频频跃上头条新闻,让食物教育的推广更加显得刻不容缓。既然公馆站对亲子教育有需求的社员较多,黄淑惠遂借力使力,在寒暑假期间以日常活动成果展名义,举办专属小学生的营队活动。那一年,台湾正好有值得纪念的大型活动,报名参加"小小站务培训营"的孩子们想必也不会忘记那一次的暑假活动,平常站所活动的四大项主题,一次集中到营队内容之中。此外,还有实务操作,让孩子们学习认识产品、整理货架、清洁厕所,连合作社总经理都出来轧一角,跟这群小小站务员们有模有样地面谈一番。对公馆站而言,此次活动最大的效益,就是孩子们回家后要求家长:"以后买菜,只能去合作社的公馆站!"

同年寒假,黄淑惠乘胜追击,举办了"用一篮菜做年菜"活动,持续三天,孩子们首先认识什么是"一篮菜",还有蔬菜硝酸盐残留的问题,并特别邀请日籍社员与南洋姊妹会成员来跟孩子们介绍异国年菜。活动最后一天的重头戏,则是让孩子们自己动手煮出一桌年菜,除了事先分配的几种青菜,还提供了"采买金",让他们学习使用金钱以及选择食材。结果他们发现,孩子们选择食材的能力果然还有不少待提高的空间,因为当天的食品销售冠军是平常就受到小朋友欢迎的小热狗!

公馆站的活动多元发展,但在一开始时,也有课程因报名人数太少而开课失败。纵使如此,在开课人数上,黄淑惠仍坚持一定要有最低门槛,否则三三两两的人,形同浪费老师与空间双重资源。此外,她坚持一定要收费,她在意的是"所有人的付出都应该被尊重"。当课程开课失败,对于主导活动规划的社员可能产生的情绪该如何安抚,黄淑惠则会明快地扫去社员心中"不敢有下一次"的阴影,同时与社员讨论各种可能的问题与改善方式,接着就拟定下个月、下下个月的活动表,随时等待社员重拾信心,再度上场!

共同购买的美好，从这里开始

事实上，充满年轻朝气的公馆站可是主妇联盟合作社共同购买的发源处。时间回到1993年，一群主妇联盟环境保护基金会的妈妈们为了买到安全食物，勇敢踏入了全然陌生的领域，遭遇困难也不轻易退缩，反正姊妹们共同面对就是了。基金会的办公室也见证了共同购买历程，首先是由志工妈妈莫凯君邀了几位基金会成员组了一个班，随着班员日增，她们在五楼的基金会办公室成立了取货站。在进货量逐渐超过空间容纳度的情况下，喧宾夺主似的让基金会几乎成了"一个拿菜的地方"，而频繁的货物进出也让老旧的大楼电梯承载不住，某日社员来取货，竟遇上电梯门打开却不见电梯的惊恐画面！

为了不妨碍基金会日常业务运作，也避免影响到同栋楼其他住户，另觅他处成为必然的下一步。妈妈们分头找房子之余，也要开始凑钱支付一个站所的开销。大家内心都明白，眼下的主妇联盟合作社资本额不多，而且几乎都投入到产品开发了，只能靠社员自己把站所撑起来。只是，一开始大家都没什么经营概念，而主妇除了买菜钱，一般也没有多余的私房钱，只能按照自己的能力与想法"出资"，所以，刚开始的账目可以说是"一团混乱"，直到后来有财会专业背景的伙伴加入，慢慢理清账目之后，才区分出无息借款、出资股东、劳务股东三类。

"因为合作社与站所不是企业，所以才会出现这么复杂的方式。"从基金会时期就开始担任理货员的陈心怡，目睹了公馆站从无到有的发展历程。当时，有人无条件掏钱出来赞助，但后续的参与越来越少，就归类为无息借款；有人经济条件比较稳定，就担任股东，与站所共负盈亏，这是出资股东；有人出钱也出力，到站所排班工作，就是劳务股东。公馆站原先目标是集资40万元，每人限额5万元，后来往上累积到52万元，而预期的五年偿还，也提前三年内清偿完毕。

"这一切，都是因为背负着众人的期许。"当年从基金会搬出来的忐忑心情，陈心怡至今记忆犹新。取货站能否就此一帆风顺，当时没有人知道，但众人的共识是，要保障工作人员能够正常拿到薪资，不然，最糟的状况就是拿资金来支付。"走一步摸一步，慢慢弄出一个方法来。"陈心怡后来领悟到，"边走边学"还真是合作社的一大特色。

陈心怡目前仍在公馆站服务，她的细心与自我要求体现在很多方面，例如：她设计了多种表格，用来管理庞杂的站务工作与社员们五花八门的预订需求。在黄淑惠眼里，那些表格都是陈心怡"用生命做出来的"，是一种超乎敬业的投入。

黄淑惠认为，能有这么细致的工作方式，是因为伙伴们着实喜欢这份工作，所以会不停地思考着如何将工作做得更好。因此黄淑惠更期许自己，当伙伴们的热情减退之际，就要扮演加油打气的角色，让公馆站一直处在一种正向的气氛当中。

社员服务，站所服务的核心

公馆站的站务人员有一种相互扶持的默契，面对自身的工作,众人都秉持"作战计划"的心情与态度,因此,站务会议召开时,大家总是显得兴致高昂,"大家觉得怎么样?""好啊好啊!就来试试看吧!"类似的对话此起彼落,毫无冷场。虽然每位站务人员都非常尊重站长黄淑惠,但也完全没有"站长说了算"这种事,而黄淑惠也因为重视这个团队,所以有任何想法,一定会在会议中提出,由大家确认后才执行。

跟成立站所的过程一样,黄淑惠也是当了站长,才开始摸索、学习如何把自己的角色扮演好,"合作社完全没有给从事管理职位的人提供很多帮助"。一路从做中学,至今,黄淑惠体认到,现在的站所财务管理一概都由数字化设备代劳了,基本上只要学会操作计算机,大体上就不会有问题。至于理货、上架、整理货架等,也是固定性劳动。唯一具有挑战性的,就是社员服务了。社员在想什么?该提供什么样的说明与服务给眼前刚踏进站所的这个人?空间规划与产品摆设是否需要微调?每天站所都会有不同的社员前来,所以同样的这些问题,每天都会有不同答案。

社员是站所的思考重心,也因为重视社员,一些别出心裁的工作模式就会被激发出来。例如:原本空无一人的收银柜台前,如果出现三人以上等候结账,本来四散于站所的站务人员就会一拥而上,彼此交换眼神后,留下三名伙伴——一位负责操作收款机,一位负责从菜篮中取出产品并刷条形码,一位则在柜台外协助社员将物品装袋——形成一条快速疏散人潮的服务线。而什么人站什么位置,他们也是深思熟虑过的:资深站务人员才能站在社员旁协助装袋,以方便回答社员问题,也确保不容易被问倒，也让负责收银的人专心结账，最资浅的就单纯负责刷条形码，即使不小心出错，也不会有太大问题。

"我们都很无能，需要你们的帮忙啦！"黄淑惠以谦卑态度所塑造的公馆站形象，其实是希望借此落实合作的精神。某一年，香蕉生产过盛，就有热心社员把香蕉加工做成香蕉蛋糕，面粉、香蕉等主要材料由站所提供，社员的完成品则拿回站所销售，扣掉成本之后的利润，一部分直接回馈给代工的社员。另有一年则是芥菜盛产，又有社员主动出声，制作了又咸又香的雪里蕻，吸引社员人手一包买回去当配饭小菜，也让每天送货车满载的芥菜带来的问题顺利获得解决。

许多人走进公馆站，第一印象就是站务人员态度热忱、耐心又体贴。这一切，其实都来自站长及站务人员的共同辛苦经营。从最初为了实践劳动价值与分工合作的理想，以及追求安心食材的愿望，利用主妇联盟环保基金会一个小房间置放共同购买产品，到现今拥有宽敞明亮、动线流畅的大空间，社员将近1800人，每月社员消费额屡创新高：共同购买的种子成功地萌芽、茁壮成长了，而未来的美好也将在这里持续孕育、成熟。

实践理想生活：新竹三叶站

成立：2001 年 4 月成立。

特色：社员约 1800 人，年龄分布较广，30—60 岁，上班族、家庭主妇都有，周末和下班后来站购买者比例也不小。因站长有经营音乐教室之背景，故三叶站文艺气息浓厚，常年开办合唱团、钢琴班。每周在站所入口处，半开放空间所开办的料理分享课，常吸引许多人驻足。

从新竹火车站步行到三民路上的三叶站，大约十来分钟。有位住在邻近县的资深社员，入社三叶站已十余年了。以前总是和夫婿相偕前来，先生过世后，年逾 70 的她，自己一人搭火车来，是为了日常所需用品，也像是温习难以复返的往日时光。对站长蔡丽英来说，十几年与这些社员互动所积累的情谊，也成为她记忆的一部分了。

早在共同购买初期，基于一种好奇心，蔡丽英就积极参与其中了。因时日久远，她早已忘了当初投入的诸多细节，现在脑海中唯一印象深刻的就是"这些是应该要做的事情"，虽然当时只有寥寥少数人愿意去做。蔡丽英回想这一路走来的过程，到底是什么样的理念支撑自己跟这些人持续站在同一阵线？一位前辈政治家的一句话让蔡丽英找到了答案："选择人烟稀少的路去走。"

只要想着发起共同购买的那群妇女们,蔡丽英就心甘情愿贡献自己的绵薄之力:"认同这样的理念,就不会在乎一些枝微末节的事。"很多困难也自然迎刃而解。否则,她如何能忍受常是模糊难辨的选购产品列表传真?宅急送尚未诞生的年代,货运送来的产品,外包装经常已走样变形,但既然自主选择了共同购买,也只能默默承受,蔡丽英将没摔烂的部分挑拣出来,万般珍惜。

因理解而认同、而接受、而行动

共同购买之初,产品种类少、人力也少,更别提能够回馈给班及班员的相关资源了。但蔡丽英与朋友们所组成的这个班,彼此有共同的认知与默契。到了2001年主妇联盟合作社正式成立时,这一班转眼竟也十年了,于是,顺理成章成为站所。蔡丽英和伙伴们既出资也认股,买了必备的冷冻冷藏设备,以及放置产品的几个架子。三叶站雏形确立,大伙儿终于有了一个取货或购物都比较方便的空间了。

蔡丽英和伙伴们历经产品屈指可数的共同购买初始阶段,充分了解找寻理念相合生产者的诸多波折,也体认农友们以善待土地方式耕作所必须克服的种种困难,所以,每当面对农作物盛产期,站所到货量暴增,蔡丽英二话不说,竭尽所能地让这些农产品变成受人欢迎的食物,不忍任其腐烂变堆肥。也因此,蔡丽英累积了一本厚厚的主妇料理指南——譬如:盛夏七八月盛产韭菜,每天的进货车里几乎都有大把大把的韭菜,站务人员即使在冷气房里处理韭菜，也都累得满头大汗。韭菜盒子、韭菜水饺轮番制作，社员吃到腻了，韭菜还是持续送来，偏偏在燠热的夏天，叶菜类又特别不耐久放。某次，在情急之下，蔡丽英将尚还完好的韭菜全数切碎，丢进了冷冻库。有一天举办烹饪活动时，拿碎韭菜出来充当香辛料，没想到竟意外大受好评，也让她的主妇料理指南又新添了一道料理。又如农历年前后的芥菜家族——圆芥、小芥、甜芥、大芥，到货频繁得让蔡丽英苦恼不已，只好不停地加工做成雪里蕻。最后，几乎所有站务人员都把这套加工本领学会了。

2013年，不肖业者在淀粉里添加工业用顺丁烯二酸事件被爆出，牵连广泛，甚至连合作社少数几种产品也有检出。于是，有社员来到站所抱怨："被合作社害了。"蔡丽英听了，内心感慨万千："如果了解合作社一路走来的历程，还会讲这种话吗？"合作社事后也决定，让三个月内曾购买相关产品的社员办理退费，这却也引起部分社员不满，认为三个月期限太短，要求追溯到一年或一年以上。这也让蔡丽英深刻意识到，社员的理念教育还有很大的加强空间。

"要进入我这个家，就要依照我这个家的规矩。"蔡丽英态度坚决，原因在于她发现不少新进社员因未能充分了解合作社的意义和理念，而将站所视作坊间一般商店，一旦合作社产品出现问题，就理直气壮地指责合作社与站务人员。蔡丽英认为，这些都是不必要的纠纷，而她内心深处更是不忍创社姊妹们多年辛苦付出的心血被误解与糟蹋。

爱之深、责之切，对理念的坚持

其实，从2007年12月开始，主妇联盟合作社就已开始实施"入社前，需先听说明"的规定。这对长年站在服务社员第一线，并且亲身遭遇多次无理咆哮与谩骂的蔡丽英来说，听入社说明绝对是社员入社的基本要求，借此社员对合作社的理念与历史有所了解与认同。也因为对合作社爱之深，所以对社员责之切，蔡丽英认为，入社说明时也不能"光挑对方爱听的来讲"，权利、义务和责任都要说清楚，"如果是我来规定，讲完后，还要马上考试。没通过的人，下次再来！"

因为在主妇联盟合作社，社员不是单纯的消费者，所以在站所经营上，蔡丽英对于所谓"顾客至上"的处理方式相当不以为然。曾经有社员依据个人主观意识反映产品有问题，并且要求退费，而类似情况三番两次接连发生。蔡丽英的处理态度是"退费就代表认错"，既然产品不符合这位社员的主观期待，那么，这位社员可以选择退社。然而，总社管理站所的组织部态度却与蔡丽英有所不同，面对这样的歧义，决定权应该在谁手上？组织部？还是站长？自治、自主与民主精神，原本就是合作社最珍贵的核心价值与原则，蔡丽英也不放弃坚持努力与合作社沟通。

蔡丽英就像个苦口婆心的老师，在三叶站每周一次的会议上，除了交代例行公事，重头戏就是蔡丽英对站务人员的产品相关知识教学。上过课后，还会时时随机抽考，"一有空就抓过来问"，确认每个工作人员都能讲出一套逻辑清楚、观念正确的答案为止。这是蔡丽英身为站长的另一项坚持，也是她认为经营站所最重要的工作。她要求自己与每位站务人员遇有社员提出问题，必须立即回应对方疑惑，"不能一被问就问住"，否则，社员对于合作社的质疑可能也接踵而来。

"为什么夏天有萝卜？""你们不是环保团体吗？为什么不种当季蔬菜？"遇上这类型社员，当下说清楚讲明白就更显得迫切需要。"为什么冰糖比二砂糖贵，这两种糖的差别在哪儿？""煮绿豆汤要放哪一种？"这类问题通常来自精打细算的新手主妇，"都可以"虽然也是一种答案，但仍会让社员不知如何选择。

对蔡丽英来说，合作社所要创造的，就是让社员主动学习的地方，所以不要怕社员提问题，只怕自己准备不足。而这样的自我要求，几乎也已升华成蔡丽英的使命感了，她熟读合作社提供的生产者与产品数据、积极参加生产者之旅。此外，她也广泛阅读报章杂志，充实相关知识，甚至连台湾《国语日报》也在她的读物清单上，"给小朋友看的报纸，大人一定看得懂"。与农业息息相关的节气之类的常识，她就是从台湾《国语日报》上学习到的浅显易懂的介绍说明，更方便运用在与社员互动交流的对话中。

自由开放，摸索属于自己的路

相对于严格要求站务人员对产品务必有所认识并掌握，对站务工作的运行，蔡丽英却是采取充分授权的自由开放原则。对她来说，这也是遵循共同购买所秉持的精神——既自由、独立、民主，又彼此合作，集结共同力量，追求理想的生活与可能。

"人生而自由，人是有灵魂的。"蔡丽英相信，每一个第一线工作者都会摸索出一套最适合自己的工作方式。无论从事多么基础、琐碎或例行性工作，工作者也不应该失去独立思考的能力，这是蔡丽英重视的终极价值。因此，在站务工作上，她会给伙伴们享有自我发挥的自由空间，但也非无限上纲。她也允许犯错，一次失误，会是最宝贵的学习经验，但同样的错误她认为不该犯第二次。三叶站曾发生过一次"乌龙"事件——进货时，站务人员没有仔细看清楚外包装箱上的品名，将"乌龙茶包"视为"乌龙茶"，虽然只有一字之差，但价格落差却在月底盘点时让所有人瞠目结舌，而这失误的影响范围，也如涟漪般扩散延展到接下来的两个月。

对蔡丽英来说，人人都会犯错，但重要的是能否汲取教训，走向更宽更广的未来。曾读过的一篇报道，让她记忆深刻——跨国集团索尼公司在征选未来领导人时，都会询问应试者过去是否犯过重大错误。这问题的用意在于，从一个人面对错误的方式，可以看出这人自省与前进的能力。如果一个人只会乖乖地依照既定规范行事，那必定缺乏胆识，不具有探索未知领域的勇气，更欠缺判断力的磨炼。蔡丽英认为，这篇报道所阐述的内涵，放之四海而皆准，当然也包括从事地区服务的小小三叶站。

特别的是，这位站长虽如严师一般，站务人员却出奇得多。每到星期六，两位固定值班的站务人员是一对姊妹花，她们周一到周五是附近科学园区的上班族，周末则在这里转换身份、心情与工作环境,并已即将迈入第八年。另有一位站务妈妈,放下在家"饭来张口,衣来伸手"的贵妇生活,主动到三叶站扫地、清冰箱……利落身手不输家里的雇工,也许在这里,她才真正找到自己想要、也能自己决定的生活方式。也不乏上有老母、下有稚儿,肩负着看不见尽头照护重担的伙伴,还好有三叶站,让她们找到自我存在的价值,站所姊妹们则是烦琐生活中的情绪出口。

以音乐,凝聚追求信念的心

也许就是蔡丽英所营造的那股自由气息,让来自不同家庭与生活背景的姊妹们不约而同在三叶站找到生命中失落的一角,也在这里实践自己的理想生活:"让人生的内涵可以完整一点,而不是全部奉献给工作或家庭。"三叶站还有个凝聚众人向心力的法宝——音乐。

蔡丽英的妹妹蔡美珠是开班授课的钢琴老师,也是组班以来就一起工作的好搭档。蔡丽英本身也热爱弹琴,学琴之余,还不忘观察同学里有没有合适人选可以到站所工作,现任好几位站务人员就都是从音乐班里"发掘"出来的。因此,蔡丽英常戏称三叶站的伙伴都"能文能武",可以坐在钢琴前优雅地弹奏乐章,也可以胜任粗重的站务劳动工作。当然,这也要归功于蔡丽英采取多人制的站务安排,让每个人的工时不超过负荷范围,所以,即使是已五六十岁的年长站务员,依然可以把站所的劳动工作当成运动锻炼,乐在其中。

未成站之前,蔡丽英曾暂时利用音乐教室的空间作为班员取货点。当时，蔡丽英在教室一角理货的忙碌身影，常让其他学员感到好奇，探询之下，也才初次认识了共同购买，进而成为社员的人也不在少数。不过，蔡丽英从不会主动力邀，"要靠自己看、自己感觉"，而且她始终认为，参加共同购买不只是为了买东西、为了享受，而是要来出钱出力，如果对方没有心，自己过于主动，反而会把对方推得更远。

潜移默化中，钢琴班的学员几乎都已成为社员，所以，三叶站的社员活动，自然少不了音乐。蔡美珠还带领有兴趣的社员组了个小合唱团，大伙出外郊游时，最佳余兴节目就是一起唱歌，每逢合作社举办大型活动，合唱团也常上场表演。

十几年来，蔡丽英每天骑着脚踏车上下班，这也是加入共同购买后，自我延伸的绿色生活行动之一。对她来说，就像参与了一场马拉松式社会运动，关怀的层面从土地、小农，扩展至环保与弱势群体等相关主题，至今没有停歇。但其与日俱减的则是对赶流行、充面子之奢侈品的消费力。身为三叶站站长，对于站内的伙伴们，她非常自豪。也许因为年龄偏大，伙伴们工作的动作并不利落，要记住产品也得多花一些时间，但对于理念的了解与坚持、参与反核游行、共同联署反美牛进口等行动，却从不落人后。

人，生而自由——免于食品安全恐惧的自由，免于思想干预的自由，以及实践理想生活的自由，这也是蔡丽英与三叶站的姊妹们终身追求的信念！

与社区一起脉动：台中后庄站

成立：2003 年成立。

特色：社员约 800 人，55 岁以上居多，退休教师、长者、家庭主妇占多数。因邻近多所学校，常受邀参加校内教学活动。站所活动中以烹饪、健康环保讲座较受欢迎，讲师则多由社员担纲。

2014 年夏天，位于台中市的后庄站搬了新家，搬到了一个地点绝佳的好场所，走出站所，穿过马路，就是占地超过两公顷、绿意蓬勃的敦化公园。不少来公园散步或运动的居民，有年轻夫妇，也有推着娃娃车的妈妈，都会自然而然地走进站内，好奇地询问着，问清楚入社说明会的日期与具体时间后，在站务人员笑吟吟的挥手目送下离开。他们临走前，往往再回头瞧一眼，但见整个站所干净又明亮，架上产品井然有序，冰箱里有豆浆、牛奶、冷冻肉类，看来应有尽有，家里需要的，一样都不缺。下一次再来到站所，他们可能就是社员了，就不只是后庄站的好邻居了！

这是后庄站搬新家以来，经常出现的新站所新气象，但也让不少附近居民误以为后庄站是社区里新来乍到的店家。其实，后庄站来到此地落脚的时间，恐怕比许多新进社员都早。2003 年，后庄站初成立时，现已绿意盎然的敦化公园都还只是个百废待举的公园预定地，现今四通八达的社区内多条巷道也都未开通，包括现在后庄站坐落所在的后庄七街。

变迁社区中的崭新行动……

早在2001年，合作社就在台中设立了三民站，是台中地区第一个站所。两年多后，后庄站才成立。相较于动辄号称一年要开设几十家分店的超市，合作社增设站所的速度，可说是比牛步还要缓慢。因为合作社是不以营利为目的的事业团体，找到志同道合的一群人，通过集结消费，实践绿色生活，才是最首要的考虑。

后庄，位于台中市边缘，属于都市与农村的交界区。早年，后庄曾经是北屯区水稻主要分布区，居民以务农为主，是一个纯朴的农村社区。近年因地处交通要道，后庄社区快速发展成一个农、工、商、住混合的多元化社区，外来人口不断大量涌入。十余年前，后庄站初成立时，社区里仍可见到农田、灌溉水圳、古厝，甚至还有熏烤、储存烟叶的烟楼。约莫在站所成立的同一时期，新兴的集合式住宅大楼开始出现，与原来以透天厝为主要居住形式的意象，交织呈现出后庄新旧并陈、多元发展的新生潜力。

就在这样一个变迁中的社区里，竟然出现了"绿点子社区教育工坊"，发起人是当时由台北搬来的新居民张月莹，她集合了社区里的一群妈妈共组读书会，推广亲子共读，也教妈妈们如何讲故事。之后，张月莹接触到共同购买，深感认同，于是有了组班的念头。社区里的这群妈妈，自然成了现成班员。历经一年多的用心经营，"绿点子蔬菜班"持续稳定发展，社区里的社员也逐渐增多，因而让后庄有了开站的契机。

后庄站成立后，张月莹所发起的"绿点子蔬菜班"顺势解散。但在后庄站成立之初，合作社曾询问她是否愿意成为工作伙伴，她则选择了专心于社区营造行动，行有余力，她仍参加社员代表竞选并当选，以这种身份持续关注合作社。

在"绿点子蔬菜班"解散后，张月莹更能全心全意投入到社区营造行动上。为了催促相关部门启动已延宕了几十年的公园兴建计划，张月莹和一群社区居民组成了敦化社区关怀协会，有别于社区内已存在多年的社区发展协会，关怀协会希望能在催生公园兴建之余，进一步建构一个敦化公园美好生活圈。

关怀协会筹备期间，适逢台湾文化事务主管部门大力推动社区总体营造，而协会运作所需的实务性工作，例如向相关部门申请经费必要的计划书撰写，让协会成员们有了学习机会，同时也见识了其他地区的社团组织，得以相互交换经验，彼此切磋交流。在第一年的"社区营造点"征选活动中，协会也获得了一小笔经费，因而得以办理社区报编采站，并开始发行社区报。

翻开名为《敦化生活》的社区报，虽然内容几乎都是芝麻绿豆大的地方事，每一件却都与居民生活息息相关。活跃于社区公共领域的个人与团体，也经常出现在社区报上，包括后庄站的相关活动信息、开站与搬迁通知，甚至合作社在北屯集资购地与兴建厂房计划，也都曾披露在社区报头版上，让合作社的相关信息跨出站所及社员范围，也传达给更多关心社区事务发展的居民。

张月莹及其社区关怀协会，是后庄站站务推动的一大推手。

后庄站刚成立时，因没有足够空间举办活动，位于一条街外的关怀协会，就慷慨出借办公室场地供后庄站使用。同样也是通过关怀协会的"牵线"，世居后庄的协会成员陈政煌提供了自家耕地一隅，以其开设餐厅的厨余做堆肥，无偿让后庄站社员在此体验农业耕作活动。就是在关怀协会的协力帮助下，后庄站才得以慢慢摸索，也渐渐走出一条自己的路。

随着社员增加，站所空间不敷使用的问题愈发迫切需要解决，于是，在2007年，后庄站有了第一次搬迁。不只有了新家，也找到热心社员出任地区营运委员会主委，开始专注投入活动策划，让仅提供日常生活材料、读书会、废油皂与环保蟑螂药教作，以及素描课等有限的活动的站所，发展成为具有复合功能的社区居民活动中心。

社区运动会带来的转机……

后庄站现任站长刘蔬慧，原本就是早期站务人员之一。位于西屯区澄清医院附近的东海站新成立时，她被调了过去，东海站有专属的教室空间，在这里可以脱掉鞋子自由放松地踩到木地板上，好天气时，还有满屋子的阳光为整个站所注入充沛的朝气与活力。在东海站，刘蔬慧成功地集结了一群极具行动力的社员，经常举办各种活动，每天都被推着往前进。

从仿佛青春洋溢的少年东海站，再调回外表看来老旧，几乎与隔壁五金行融为一体的后庄站，刘蔬慧备感压力。站所里，设备老旧，人都使用超过十年了。站所平常举办活动的空间，也屈居在卖场后方，局促又狭小，甚至连社员也都开始老龄化了。后庄站社员原本就以中高龄长辈居多，成站初期加入的新手妈妈，也都将迈入中老年空巢期了，"每天看到的都是老人"，刘蔬慧印象深刻。事实上，年龄不是问题，活力与动力才是关键。

后庄站还有一个最棘手的问题——多年来，后庄站社员的消费额一直停滞不前，即使站务人员尽自己的努力，也难以有所提升。多年来所累积的挫折与无力感，甚至已让站所负责人有了是否应该关站的思考。

"如何让社员了解合作社是做什么的？""如何让社员主动参与？""合作社的可能性有哪些？"后庄站前任站长，现已转到台中分社服务的管姵淇，对于站长所面对的挑战依旧记忆犹新。

"突破困境需要时间，必须等待，所以每天快乐工作就好了。"刘蔬慧决心以乐观的态度面对挑战，并且进行可能的尝试——她开始设计问卷，对社员进行人力资源调查，对愿意填写问卷的社员，就送上一块环保废油皂作为回馈和致谢。她想，总有一天会让她等到一个人——一个不仅愿意，也能够付出的温柔而坚定的人。

刘蔬慧心目中的这个人，其实就是以张月莹为原型——细细的说话声，但话语条理分明，一笑起来，马上就能拉近彼此的距离。事实上，张月莹也一直以自己的方式默默地关注着后庄站的发展。

期盼了许多年，敦化公园终于落成启用了！为敦促这公园而成立的敦化社区关怀协会却也未因此宣告谢幕。张月莹举办了一场运动会，不仅志工是号召而来的，奖品也是四处募得的，里长办公处、社区大楼管理委员会、学校等，都很乐意共襄盛举。这场社区运动会热闹非凡，后庄站也组队参加了。

从此，借由每年一度的运动会，后庄站与社区有了另一种互动与结合的可能，一直以来遍寻不着理想店面、消费额低迷、站务人员流动率高、社员参与活动不甚踊跃的种种窘境，产生了令人振奋的解决契机。2014年5月，仿佛天外飞来的一个大大的祝福，站所在公园对面有了落脚的绝佳好场所。

因为要搬迁，一群社员开始积极参与搬迁的筹划工作，也热烈讨论选定出社员所期待的共学空间——有温馨的烹饪教室，也有宽敞的上课和活动空间。此外，后庄营委会也开始进一步规划走入社区的系列活动，要以更友善的社区交流平台为目标，继续跨出新步伐。

一路走来，后庄站始终与社区总体营造相互扶持，虽然没有轰轰烈烈的大事，却是细水长流的实践坚持。后庄站就在这股社区脉动中，稳稳向前迈进。

主动出击：台南新营站

成立：2008 年 3 月成立。

特色：社员约 600 人，45—60 岁的家庭主妇、公务人员和退休人员为主，因位处城乡交界处，拥有全社少有的绿棚架，栽种百香果、木瓜等，社员在此可享田园之乐。基本日配品（鸡蛋、牛奶、豆制品）的集结力，和其他南部地区较大规模站所集结力相当。最受欢迎的活动课程"大厨分享"，每月开办一次。

新营，在台南市升格之前，是县政府所在地，一个以公教人员居多的行政型都市，有七八万的人口数，算是台湾南部农业区里热闹的小镇。

2010 年春天，新营大街小巷出现了热闹吆喝的宣传车的广播声，不是政治宣传，也不是菜贩车的叫卖，而是主妇联盟合作社新营站要举办成立两周年的庆祝活动宣告！庆祝活动的地点在地方行政机关聚集地转型而成的"南瀛绿都心"——这里可是小镇上最大型的居民休憩场所。新营站的意图，不言而喻。

活动当天，有合作社生产者共襄盛举来摆摊，并提供试吃，还有二手物市集与文艺表演。活动一结束，站务人员与地区营运委员会随即召开检讨会议，虽然活动看似热闹，但大家也一致认为，效果似乎有限，消费大众可能只会记得合作社"可能是卖有机的"，但更深层的理念与价值却不见得体会得到。但她们没有灰心，站所里一群冲劲十足的主妇，倒是把每一次活动都当成撒播种子的过程，深信有一天种子一定会萌芽；也像种下了一棵果树的小苗，要慢慢成长，日积月累，成熟了、长大了，才会开花成果。

从一碗与众不同的五谷饭开始……

新营站是合作社在台湾南部地区的一个特别站所。而新营站的缘起，可以说是从首任站长王安钰品尝到一碗与众不同的五谷米饭开始的，那碗五谷米饭是与合作社契作的一位生产者的产品。于是，就因为那碗让她念念难忘的五谷饭，王安钰加入了合作社。

当时，王安钰并不真正认识合作社，对环境保护的观念也不十分清楚，纯粹只是出于一份寻求安全食物的主妇本心而已。入社之后，通过合作社刊物与产品目录才渐渐发现，健康安全的食物及加工品居然可以有这么多样的选择。而当年，只限台中供应的喜愿面包，更不断诱惑王安钰的美食神经，于是，她召集了沈秀香与另一位主妇，三人组成了新营班，就是"为了要吃那很不错的面包"。

新营班初成立时，就发挥了惊人的共同购买力。虽只有三名班员，一次的订购金额却可以达到5000元，而这数字背后，其实也充满社员与合作社之间相互体贴的心意。因为在当时，台南地区的配送系统还未完备，时任台南分社经理的董雅坋于是自告奋勇要为这个迷你班充当送货司机,这样的心意也让王安钰等人更努力凑足消费金额,以减轻合作社的负担。同时,她们也开始在亲友圈里广招社员,五个、十个,不知不觉间,原本只有三人的迷你班,扩展成四五十人的大班,每个月平均消费额也超过了台南地区其他班,这也让曾是第二任台南分社经理的叶杏珍担心这个班的冷藏空间不够,因此由合作社给他们提供了一台双门的直立式冰箱。

渐渐地,王安钰的家愈来愈有"微型好地方"的样子,家里常用的酱油、料理米酒、米粉、冬粉等日常食材,以及保存期限较长的干货,王安钰都会多预订一些,陈列在家中,方便班员们可能会有的临时需求。

始料未及的是,为了追求安全食材而组成的这支主妇小队一头栽进了合作社大家庭后,竟集结了愈来愈多志同道合的主妇,也成了在新营开疆辟土的急先锋。

依主妇联盟合作社规定,三人就可以组班共购,但要设立站所,必须先评估当地所属社员的消费状况,通常至少要有300名社员(视地区状况会略有调整),同时也要询问社员们的意愿与意见,各方条件都充分具备了,才可能考虑设站。王安钰的这个新营班,即使加上本地的另一个官田班,总人数还是远不及规定的一半,每月消费额也未达开站标准。但王安钰仍代表班员们主动向合作社表达了强烈的成站意愿,这并非躁进,而是组班以来,王安钰强烈感受到班上的主妇们已凝聚出一股不可小觑的向心力与参与度,甚至她们也组成了地区营运委员会,也就是在共同购买行动之外,还积极推行组织活动。也因为有了地区营运委员会的运作，主妇们的需求更热切了，她们的共同心声就是："来成立一个好所在吧！"

"有店，会更方便"是主妇们最直接的第一考虑，因为班只能"靠一本目录买东西"，而早期的产品目录只有名称、售价与内容成分的文字说明，没有图片，完全"不知道东西长什么样"，班员们几乎都是凭借对合作社的信赖购物。如果能有店面、有产品在现场，要介绍给亲朋好友左右邻里，总是容易得多，也更有说服力。

新营班社员的热切期待终于让合作社打破成规，新营站最后如愿成立！然而，在当时合作社也尚未建立站务人员培训制度，新的站所成立，最熟悉产品的班长自然是站长的不二人选。但这并不在王安钰原来的人生规划里，为了让好不容易争取成立的站所稳定脚步，她最后还是点头充当救火队，担任了一年多的代理站长。

推动食品安全，巫婆魔法汽水的进击

有了自己的站所，这群主妇们除了以"打拼"自我勉励，更积极将触角往外延伸，努力在地方上推介合作社与新营站，甚至当站所经营五年多之后，为了争取更多能见度，她们毅然决定将新营站从原来落脚的巷弄搬迁到人潮较多的街路上。主妇们的勇气与决心着实让人侧目。

搬迁到新址后的新营站，隔一条马路就是一所初中，站所后方，走路不到几分钟，还有一所小学，站里有几位社员都在学校里任职。新营站不仅占地利之便，还有人脉关系之便，于是站

里的解说人员就利用课余时间,去为学校师生上了一堂食品安全课,当场也不忘"置入性"加映了主妇联盟合作社的介绍。

整个新营地区,小学、初中与高中,共有十几所之多,而新营站的社员组成中又以老师占多数,也有社员是学校家长会成员。这些人际关系对新营站来说就是最佳推广渠道。更难能可贵的是,因为重视环境教育、食品安全问题,学校方面也将新营站纳入其教育资源的一部分,所以老师们在设计新学年度教案时,也曾主动前来征询与站所合作的可能性。

站所的存在,当然不只是为了给人们提供安心的饮食和环保生活用品,善待环境、守护地球永续发展的绿色生活更是主妇们共同的愿景与目标。因此,只要有推广机会,新营站就不会放过,即使距离新营将近一小时车程的楠西区,大伙儿仍充满干劲地一起出发,前去为孩子们上课。

可别小看这群家庭主妇,除了家事一把罩,关于食育解说,她们会充分运用绿绘本、PPT、影片放映等方式,生动又明了地进行讲解,有时也会搭配废油皂教作,最后更免不了要"置入性营销"一下合作社理念。

为了让食品安全概念深植孩子们的意识之中,除了静态解说,这群主妇还自编自导自演了一出话剧《巫婆魔法汽水》。剧中角色,包括巫婆、阿弟仔、黄色四号(食品添加物代号)、橘子汽水……也由这群几乎都已年过半百的主妇们担纲演出,一次又一次地排练、一句又一句地熟背台词,对主妇们都是极大的挑战。前所未有的粉墨登场,更让主妇们不由得紧张且慌乱,但当音乐声响起,一站上台,主妇们生动逗趣的表演成功吸引了台下孩子们的目光。据说，看过这出《巫婆魔法汽水》演出，孩子们放学回家后，吵着买市售饮料的次数短时间内的确明显减少了。

站务与营委会的分工与合击

除了积极与学校互动，推广食育之外，新营站也针对社员需求，主动出击。比如，有些社员因工作关系，或必须在家照顾小孩，无法在营业时间内到站所购物，于是就有社员不经意提出："怎么不做外送？"而这提议也仿佛当头棒喝，站长赖怡廷一听，当下立判："对啊！有何不可？"站务人员备妥了保冷剂与保冷袋，机车宅配即日上路！这贴心的宅配外送就成了新营站的一项正式服务，包括几位在台湾税务部门朝九晚五上班的社员，都一并纳入外送服务范围，他们再也不需要下了班就得火速赶到站所采购了。

一路走来，新营站站务人员与地区营运委员会之间也形成了良好的分工模式。营委会向外拓展社员版图，站务则在站所内做好社员服务；营委会规划活动主题与内容，执行细节就多方仰赖站务人员。

"站所办的课程与活动是不是值得参与？""别的组织所举办的活动，参与人数很多，合作社的活动气氛却不热烈，差别究竟在哪里？""现在担任志工的途径很多，可以去宗教团体或医院，服务别人似乎让人比较有价值感。那么，社员参与合作社的价值与认同又是什么？"——以服务社员为思考点的新营站的主妇们，也不断在思索这些问题。于是，"社区厨房"的共食想法于焉诞生,主妇们意识到,现在很多家庭是孩子终日在外工作,家中只剩下两位老人,与其让两位老人在家里吃饭,不如到站所,大家一起吃,相互陪伴。

得到普遍认同与反响的共食构想,先是在地区营运会议或读书会上试办,逐渐凝聚出一定能量后,主妇们就要开始往社区厨房的目标迈进了。王安钰很清楚,这个构想的实践,单凭几个人的力量是不够的,必须有更多社员愿意共同承担劳务,而且也不能只来吃饭而不参与煮食,"不会煮,也可以帮忙洗菜;不会煮,也可以慢慢学着煮"。因为共食的意义不是为了方便而已,"不然,在这边摆个摊不就成了"。

迁站之后,新营站也开始尝试举办大型讲座,而这也正是测试社员动员能量的最好机会。首场讲座,主题聚焦在一般民众最关心的身体保健上,第一位请来的主讲者是防癌界名人陈月卿。在社员的安排下,讲座地点选在市卫生局大礼堂,经费则是向社区发展协会、卫生促进会及民间慈善团体募集。讲座当日,两百多人踊跃参加,盛况空前,其中有十位听讲的民众,就在当场填写了入社申请,这对新营站来说,真是莫大的鼓励!

虽然,在合作社这样的志愿性社团里,成员们来来去去是一种常态,但让王安钰最感欣慰又幸运的是,新营站拥有一群很有共识的社员,他们都认为自己的投入很有意义,因而很心甘情愿被"箍"在一起,也用最务实的方式,挚爱自己所生活的这块土地!

集结消费力,发挥社会力……

有良田才有粮食,
农村、农友的困境,
和都市的消费者绝对息息相关,
消费者和农民生产者团结,
才能守护台湾的好山好水好良田。

把能量还给蔬菜
——逆风而行的减硝酸盐运动

一般人买菜,总是喜欢挑翠绿、鲜嫩的蔬菜。所以许多社员初次看见主妇联盟合作社的蔬菜总会有些错愕:一袋青菜里只有一两株,菜叶的颜色不太绿,菜茎看起来又很粗壮……叫人不禁纳闷:这菜会好吃吗?

如果有人在农友彭康伟面前提出这样的质疑,他一定会瞪大眼睛、正色宣告:"这才是有能量的菜!"接着侃侃说明,要给蔬菜时间慢慢成长,让它把从土壤吸收的物质经光合作用充分转化为自身的养分。如此集天地能量于一身的菜,才会有风味,才会好吃!

有能量的菜,来自主妇联盟对低硝酸盐的坚持。这是一场长达20年的艰辛运动,幕后推手是一位瘦小坚毅的女性——林碧霞。

青菜里潜伏危机

林碧霞是台湾大学园艺系博士,也是合作社前身共同购买时代的元老之一。她首次开始关注蔬菜硝酸盐的问题,是在园艺系实验室中。当时她正在进行果树合理化施肥的研究,时常检测果树叶柄的硝酸盐浓度,以判断氮肥施用状态。

有一回,手边没有果树叶子,林碧霞就购买市场里的蔬菜来作检测:"我吓了一大跳!竟然有8000 ppm!"她至今仍记得当时的震惊心情。一般而言，900 ppm 到 1200 ppm 的硝酸盐即足够蔬菜生长所需。于是林碧霞扩大检测，发现市面上蔬菜的硝酸盐浓度普遍偏高，甚至上万 ppm 也很常见。

硝酸盐主要来自氮肥，是植物生长必需的养分。当氮肥施用过多，硝酸盐浓度就高，植物就会尽其所能地吸收，将之存储体内，以备不时之需。然而，这植物的养料却可能不利食用者的健康，当人吃进硝酸盐，口中的细菌会将它还原成亚硝酸盐，而亚硝酸盐若遇到食物中的胺类，就可能结合产生一级致癌物质——亚硝胺。人若在短时间内摄入大量的硝酸盐或亚硝酸盐，还会引发血液缺氧，导致硝酸盐中毒，症状包括皮肤发青、头晕恶心、腹痛腹泻，严重的可能致人死亡。

近年，全球皆有发生婴儿食用蔬菜粥、长期茹素者的硝酸盐中毒案例，早年欧美也出现过家畜被喂食刚施过氮肥的牧草而猝死，以及过量氮肥污染地下水导致蓝婴症的事件。硝酸盐，早已是国际上不容忽视的饮食与环境议题。

医学与营养专家皆指出，人体摄入的硝酸盐主要来自蔬菜，"我们是一个喜欢吃菜的民族，尤其含硝酸盐最高的叶菜类，吃得比其他地方多"。卫生单位又时常倡导"多蔬少肉"的饮食原则，林碧霞忧心，这个健康的好习惯，反倒隐伏危机。

吊诡的是，食品业者常在香肠等肉类加工品中添加硝酸盐或亚硝酸盐来防腐保色，台湾规定其含量不得超过 70 ppm。可是民众每天吃进的蔬菜远远多于香肠，大多数人普遍知晓香肠内含致癌物的风险，却对蔬菜竟含有高于香肠数十倍到百倍的硝酸盐，一无所知。

比要求有机更进一步的坚持

共同购买中心成立之后,开始从有机小农那儿订购蔬菜。林碧霞原先以为,有机栽培一定可以让蔬菜的硝酸盐含量降低:"后来拿到菜,我整个脸都皱了,因为测出来常常上万ppm,甚至比传统市场还要高。"因为硝酸盐含量高,这些得来不易的有机蔬菜也比传统市场的菜更不耐放,易坏易烂。

原来,即使农民用的是有机肥而非化肥,一旦施用过量,或农民急于收成,仍会导致蔬菜硝酸盐含量过高。尤其是温室或网室蔬菜,更容易因日照不足,硝酸盐无法充分转化合成氨基酸与蛋白质,而累积在蔬菜之中。

就维生素、矿物质、纤维素等营养成分而论,高硝酸盐蔬菜的生物性质量(Biological Quality)也不佳。"氮肥多就会徒长,营养当然低。"台湾大学园艺系名誉教授郑正勇对合理化施肥研究甚深,一路陪着妻子林碧霞共同推广减硝酸盐运动。

郑正勇说,市面上很多蔬菜看起来很大很嫩,一炒下去跑出一堆水,菜只剩一点点。每个家庭主妇应该都遇过这种事情,这就是由于水分、肥分过多,蔬菜徒长虚胖,"高硝酸盐蔬菜晒干以后的干物重只有原物的4%—5%,但是慢慢生长的蔬菜,晒平后可以到百分之十几"。

林碧霞也提供资料证明,蔬菜中最重要的营养维生素C,其含量与硝酸盐浓度呈现负相关。也就是说,硝酸盐愈高,维生素C愈低,而维生素C又是可以防止硝酸盐在人体内转变为亚硝酸盐的重要物质。

尽管明确知晓硝酸盐浓度过高的危害,但在十几年前,共同购买刚起步,正需要招募更多会员加入,民众对于有机食物的需求和观念也才刚萌芽,在这个当口,实在很难更进一步传达蔬菜的硝酸盐问题,然而林碧霞也无法昧着良心,要大家继续购买有机却高硝酸盐的菜。

于是,林碧霞与郑正勇决定从辅导农民减氮栽培开始做起,先到产地——拜访种植蔬菜的合作农友,详细说明硝酸盐问题与减用氮肥的做法。

困难重重的减氮之路

最初,农友们大多对硝酸盐毫无概念,认为林碧霞的要求很不合理,根本就是来找麻烦的!种有机就已经够困难,何况还要低硝酸盐?

"照这个方式,菜根本种不出来!"彭康伟就是当时带头唱反调的农友。他本身就是学农的,知道硝酸盐本来就是植物生长必需营养,更何况氮肥施得多,蔬菜长得快,才有丰厚收入。要农友减氮,简直就是要农友少赚钱,谈何容易。

"在劝说期间,中心每个月发一张成绩单给我们,测量蔬菜的硝酸盐浓度、维生素C等,合格是绿字,不合格是红字。"彭康伟回忆,"刚开始有四五年,我老是拿红字,也不觉得羞愧。"

1999年起,共同购买中心正式规定收购的蔬菜硝酸盐含量不得超过3000 ppm,检验超标不合格的菜,只有退货一条路。农友们的反弹声浪更为激烈,而在会员这一端也抱怨菜量少、种类也少。每逢连绵阴雨,蔬菜硝酸盐浓度居高不下,更导致严重缺菜。

当时负责农产开发的产品专员施宏升，经常夹在中间，左右为难。

"对种植技术也是一大考验，种低硝酸盐蔬菜要控制好各方面的情况，真的不是一件容易的事。"施宏升说，农友若一味怕硝酸盐超标退货而提早断水、断肥，容易导致蔬菜纤维老化，口感不佳。究竟如何精准控制才能种出好吃又健康的菜，难度甚高，且因人因地因菜的品种而异。

"产品部是最了解生产者的，不只是单纯的采购，还要了解农民的技术、土壤的状态，所以是整体互动的核心。"施宏升通过频繁的沟通，协助个别农友做肥料技术调整，加上林碧霞的专业做后盾，经过多年磨合，农友们总算逐渐能掌握种出低硝酸盐蔬菜的诀窍，也慢慢能认同低硝酸盐蔬菜才是健康好菜的观念。

譬如，当初最铁齿又反骨的彭康伟，如今他的蔬菜质量在社内有口皆碑，不仅符合检验标准，且风味十足。令人好奇的是，让他做出改变的关键是什么？

什么叫作"好吃"的菜？

彭康伟说起那回犹如天启的无意发现——有年冬天蔬菜盛产，他忙到忘了帮某几个温室浇水。不料那批菜采收后，主妇联盟的验货人员跟他说："咦？怎么你最近交的菜都合格，而且营养特别高？"彭康伟这才仔细去观察，这些他疏于照顾的菜，怎么反而能达标？而且还更甜美！

彭康伟恍然大悟，原来蔬菜的确需要时间和充足日照，才能长成强壮成熟的好菜。之前林博士苦口婆心跟他说的，全都是真的。

"为了让菜赶快长而一直浇水，是病态。"彭康伟后来发现，适当地停水，蔬菜的根才会扎得更深，"植物的根就像人的肠子，肠子愈长，吸收到的微量元素和养分就愈丰富，这样的菜才有香味和甜味"。

蔬菜的叶子就像太阳能板，生长速度放缓，才能吸收更多的阳光，蓄积更多的糖分。彭康伟举例，一般的小白菜 21 天到 30 天可采收，但他至少种 45 天到 60 天才采，整整多出一倍时间。

也因此，主妇联盟的菜看起来个头都比较大，拿在手上沉甸甸且结实，并且储藏时间长，一般蔬菜在冰箱放三天就会烂，但低硝酸盐蔬菜可存放长达十天，"只允许变黄，不能烂掉或发臭"。彭康伟要大家想象这两种菜："吃到肚子里可是很不一样的！"

彭康伟还指出，高硝酸盐蔬菜在咀嚼时易黏在牙齿上，低硝酸盐者不会。因为徒长的植物细胞松散，不仅滋味寡淡，甚至有咸味、苦味或土味。

现代人味觉迟钝，吃蔬菜常常只是为了健康考虑，顾不得好不好吃。蔬菜的滋味好坏，已少有人悉心体会得出。到底什么叫作"好吃"的菜？

林碧霞回忆，过去的菜味道浓厚："我母亲有一道菜，先爆炒小鱼干和姜丝，然后空心菜下去，加水闷熟。那一锅汤真好吃。我小时候，只要有那锅汤就可以吃两碗饭。但是现在的空心菜，要做那一味很难了。"她慨叹，那滋味只余留在老一辈的舌头上。

彭康伟定义蔬菜好不好吃的裁判，却是小孩子："小孩子最直接了，如果吃完会问还有没有？那就是好吃。"他过去有些宅配客户，就是因为孩子只爱吃他的菜而一直订购。

不爱吃蔬菜是儿童通病。也许，正是因为大部分的菜都不够好吃，而孩子的舌头是最灵敏的。种出安全好吃的菜，获得儿童青睐，不也是种菜农夫的伟大成就吗？

施肥过度——水域窒息，能源浪费

低硝酸盐蔬菜在栽培层面的种种好处，与主妇联盟合作良久的农友们都有深刻体认。宜兰农友陈碧郎认为，精准控制肥料用量后，蔬菜变得强壮，抗旱、抗寒、抗病虫害的能力都明显增加。嘉义农友翁锦煌也说，他的肥料成本节省了五分之三以上。

翁锦煌很清楚农民普遍过量施肥的怪现状："氮肥放得多，产量高，但是质量下降——没关系，再多施磷钾肥，把质量提升。反正台湾的化肥比其他地方便宜得多。"

国际肥料价格年年上涨，减用肥料已是时势所趋，不过台湾农政单位每年花费在化肥补助上的经费达40亿元，与"合理化施肥"政策背道而驰。

根据台湾"中央研究院"分子生物研究所蔡宜芳博士的报告，农民施用的氮肥只有30%到50%被植物吸收利用，余下的不易储存在土壤中，经雨水冲刷大量流失，污染河川、湖泊和海洋，使得水域因优养化现象造成"死亡域"（Dead Zone），水中生物因缺氧而无法生存。此外，多余的氮还会转变为氧化二氮（N_2O），是比二氧化碳影响力高300倍的温室气体。

除了氮肥的施用造成严重的环境污染之外，其生产制造过程也是极不环保的。德国化学家哈柏（Haber）和工程师博施（Bosch）利用高温高压从空气中取氮，成功为人类找到源源不绝的氮肥来源，但是"哈柏法"极为耗能，全球有1%的能量消耗花费在这个制程上。

为此，能源危机带动氮肥价格节节高升。如何减少氮肥施用、防止环境污染，无论在农业或环保领域，都是刻不容缓的世界性议题。

唯一落实硝酸盐把关的团体

以环保运动起家的主妇联盟基金会和合作社，不仅关心食物的安全，也关注生存环境的安全。硝酸盐，正是两者交集的焦点议题。尽管台湾有部分学者对硝酸盐危害持相反意见，减氮栽培的技术难度又极高，主妇联盟仍在逆风之中踽踽独行，成为台湾唯一落实硝酸盐把关的民间团体。

在有机农业已经普遍为民众认同的今日，主妇联盟对减硝酸盐的推广，是不用农药之后的再升级运动。国际上最重视消费者权益与健康的欧盟，也在2001年明确规定部分蔬菜品类的硝酸盐浓度限量标准为2000 ppm至4500 ppm。回顾主妇联盟的坚持，起步甚至更早。

除了定期向社员公开社内每批蔬菜的检验结果，主妇联盟也向消费者宣传快速检测硝酸盐的方法，只要一张试纸，人人都可以自行在家检测硝酸盐。比较起有机或无毒的检验证明或标章，消费者大多只能被动相信，而硝酸盐方便检测，可望更多民众加入关心和参与的行列。

"当社员为求健康来买有机蔬菜，合作社当然有责任提供真正安全健康的蔬菜，并且积极寻求硝酸盐问题的改善之道。"这

[1] 编者注：闽南话，"烂客人"，多指很难伺候的客人。

是郑正勇与林碧霞夫妇一生秉持的信念,也是主妇联盟一本初衷的承诺。

硝酸盐安全摄取量看这里

根据世界卫生组织(WHO)的公告,每人每日每公斤体重摄取硝酸盐的安全容许量为 3.7 毫克,以 60 公斤体重的成年人而言,每日上限为 222 毫克,若一日摄取单一菜种 300 克,其硝酸盐含量不应超过 740 ppm,但台湾地区市售蔬菜硝酸盐含量经常超出数倍,若进食高硝酸盐含量叶菜,很容易超过一日限量。

主妇联盟硝酸盐标准等级表

(单位:ppm)

类别	正常品标准	B 级品标准	C 级品标准	拒收标准
叶菜类	3500 以下	3501—5000	5001—7500	7501 以上
根茎类	300 以下	301—600	-	601 以上
结头	1500 以下	-	-	1501 以上
萝卜	2000 以下	-	-	2001 以上
瓜果类、豆类	450 以下	451—600	-	601 以上
花菜类	1000 以下	1001—1500	-	1501 以上
芋头、山药	500 以下	-	-	501 以上

在连续阴雨天或台风天时,才可允收叶菜类 C 级品(硝酸盐标准是 5001—7500ppm),C 级品与 B 级品皆不配入一篮菜中。这样,在天气不良时可以调节缺菜的状况,但要诚实告知硝酸盐标准等级,以供社员选择利用。

这些年,我们一起管的食品安全
——从美牛瘦肉精到油品风暴

曾几何时,餐桌如战场。

塑化剂、毒淀粉、馊水油,炸弹威力一次比一次猛烈。莱克多巴胺、顺丁烯二酸、叶绿素铜钠……各种毒素如生物武器,无孔不入,连升斗小民都对这些艰涩名词耳熟能详了。于是,守护餐桌的主妇不得不化身为抵御侵略的悍将,要洞察敌情、研拟攻略、策划行动,必要时更需亲上火线,勇敢对无良商人与颟顸政客开炮。

"妇女们一旦说出:这件事我管定了!就会拿出养孩子的韧性,拼命去做。"主妇联盟合作社创社理事主席陈来红说。当一群难搞的女人兜在一起,没有事情可以难得倒她们。这就是主妇联盟。

陈来红回顾主妇联盟这20多年来的社会参与,从身边小事到天下大事,从成长、服务到影响政策,主妇们的进步与力量可谓有目共睹。在这些年波涛汹涌的食品安全问题中,尤能看见主妇联盟着力甚深的身影。

美牛来了

2009年10月,《中国台湾美国牛肉议定书》签订,台湾卫生事务主管部门宣布开放30个月龄以下、去除扁桃腺与回肠末端的美国带骨牛肉进口,引发民间激烈反弹,全民顿时笼罩在疯牛病来袭的阴影之下。

疯牛病是牛的脑部海绵状病变,通过致病因子——变性普里昂蛋白(Prion protein)的传播,成为人与动物共通的新兴传染病。人只要吃到一点点病牛脑组织或内脏等高风险部位,就可能感染人的疯牛病"新型库贾氏症"(vCJD),死亡率百分之百。而美牛的风险控管松散,以日本为例,对牛只的普里昂蛋白是逐头检测,美国则是2000头才抽检一头,明显不足。台湾当局竟以全民健康作为政治谈判的交换条件,主妇们当然不能接受!"主管部门宣称有'三管五卡'把关,其实根本管不着、卡不住。"时任主妇联盟基金会秘书长的吕美鸢指出,当时卫生单位连餐厅卖场的美国牛肉的产地信息公开都无法落实,况且台湾根本没有检测普里昂蛋白的专业能力,恐怕只能对美方提供的数据照单全收。于是,就在2009年11月,主妇联盟环保基金会、主妇联盟生活消费合作社与消费者文教基金会等民间团体,共同发起反对美国牛肉"公投联署"行动,呼吁中国台湾和美国重启谈判。

这是台湾地区第一宗民生议题的"公投联署"事件,也是主妇联盟合作社首次发起"公投联署"行动,所有的班与站所都动起来,通过配送渠道发送联署书,社员、职员纷纷加入签名行列。为了让大家更了解疯牛病议题,社内也开了很多次学习会,请医师与专家来上课,学员再不断将信息宣讲开来。前监事主席黄利利就是宣讲主力之一。"妈妈们每次面对任何议题,就是先读书,充分消化吸收,再写成教案,以妈妈的立场去倡导。"她解释说,基金会和合作社是一体两面,许多议题都是由基金会吹响号角,再利用合作社的人数优势去推广。

理事主席许秀娇回忆,当时有些核心干部的能量令人刮目相看,譬如南社的理事刘秀雀与夫婿,除了召集亲朋好友外,更游走街头主动出击,两人最后竟然搜集到1000份的联署书!

"公投联署"活动沸沸扬扬,短短18天,全台湾累积了将近21万份的联署书。不过很多人不知道,这只跨越了第一阶段门槛,随后还有门槛更高的第二阶段联署。然而,第二阶段联署活动在选举审查两个月后才能开展工作,社会抵制热潮已大幅冷却,许多民众以"已经联署过了"拒绝再次联署,或担心个人资料泄漏,或对"公投"成效有所质疑,以致推展不开。最后全台湾联署的数量仅66000多份,其中主妇联盟合作社就贡献了39000多份。虽未达目标,主妇们仍展现了不可忽视的力量。

为保护个人资料,推动单位在律师见证下,将两阶段所有联署书送到永丰余纸厂进行水销,转化成再生纸,延续人民爱家护土的决心。虽然"公投联署"行动功败垂成,但在民意压力下,台湾地区立法机构因此出台相关规定,禁止内脏等较高危险部位进口。民众也通过切身议题的政治参与,经历了一次民主洗礼。

瘦肉精再掀波澜

2012年,美牛威胁再度袭来,2月,台湾当局动作频频,研议开放使用瘦肉精的美牛进口。

由于台湾畜牧业根本禁用瘦肉精,这种"一地两制"的措施再度引发争议，主妇联盟等民间团体立即发表"捍卫健康权，拒绝问题美牛侵门踏户"的联合声明，严正反对开放使用瘦肉精的美牛进口。时任主妇联盟基金会董事长的陈曼丽召集合作社与上百个民众团体，组成"全台食物安全联盟"。

台湾当局欲开放进口的美牛使用的瘦肉精名称为"莱克多巴胺"（Ractopamine），原为气喘病人的用药，后来人们发现此药可消耗脂肪、增加肌肉，故被应用在畜牧业中。业者在牛、猪屠宰前一段时间使用添加莱克多巴胺的饲料，以提升瘦肉比例，使肉品卖相更佳。台湾当局宣称莱克多巴胺毒性低、代谢快，却罔顾此药目前在国际研究中并未有足够的对人类健康风险的评估，倒是美国猪只因瘦肉精致病的案例愈来愈多，病征包括多动、瘫软、心跳加速，甚至死亡。台湾医学界也指出，瘦肉精可能有引发心悸、促进心血管疾病的副作用，对肝肾病人、婴幼儿、孕妇与哺乳妇女也都隐伏危害。

就在社会舆论白热化之际，2012年3月5日深夜，台湾行政事务主管部门突然宣布有条件开放瘦肉精美牛，并祭出"安全容许、牛猪分离、强制标示、排除内脏"16字箴言。此举引爆民众怒火，台湾食物安全联盟展开一连串大规模抗议，坚持零检出。3月8日，近万名猪农也来到台湾农业事务主管部门前激烈抗争，他们担心台湾当局开放瘦肉精美牛之后，接着就是瘦肉精美猪，将严重冲击本地养猪业。

由于市面上早已多次查获含瘦肉精的美牛，显示台湾当局之前所宣称的"三管五卡"破功，此次16字箴言已难以让民众信任。台湾当局因为急于恢复中国台湾和美国贸易暨投资架构协议（TIFA）谈判，却以台湾人健康作为供品，令民众寒心。吕美鸾气愤道："我们最不能认同的是：台湾是零检出，而且多数民意反对瘦肉精，这不就是可以让你去谈判的筹码？为何台湾地区领导人不能把台湾民众的健康摆在第一位？"

主妇们铆起劲来，能量惊人，创意也十足。4月1日愚人节晚间，主妇联盟与其他民众团体身穿黑衣、手持烛火，捧着支持瘦肉精民意代表的相片，从自由广场走到台湾当局领导人办公室前，以静默方式表达对台湾当局愚民黑暗决策的抗议，场面肃穆慑人。4月19日，台中的主妇们则进攻菜市场，以热血的选战规格出动宣传广播车，散发宣传单，她们轮流拿着麦克风对民众和摊贩号召：一人一通电话打给民意代表，请他们反瘦肉精规定！

陈曼丽更为瘦肉精议题与官员多次交锋，曾有民意代表将质询时间让给她，正面迎战台湾卫生事务主管部门的领导。还有一次在台湾气候变迁会议上，她趁机在台湾当局领导人面前侃言瘦肉精问题，台湾当局领导人不仅在总结时间回应，会后还致电详谈。谈话主旨不外乎专家会议已得出瘦肉精对健康没有风险的结论，他不会牺牲台湾民众健康等。

"我就对他说，你被骗了。"陈曼丽也参与过专家会议，明白当时与会专家其实意见分歧、难有共识。她也询问台湾当局领导人，强制标示可以做到什么程度？可以标示瘦肉精成分与含量吗？但台湾当局领导人回应，只能做到产地标示。陈曼丽认为，没有详细标示，何来保障？她虽肯定台湾当局领导人的沟通诚意，却仍坚守立场："当然我们都知道台湾的政治处境困难，必须靠美国,但不能任人予取予求啊!"

2012年7月,联合国国际食品法典委员会上,与会各方表决,通过制定莱克多巴胺的安全容许量标准,等于承认其使用正当性,但正反方仅仅两票之差。随后,台湾地区立法机构也决议解禁瘦肉精美牛,采用联合国订出的10ppb标准。反毒牛之战,正式宣告弃守。

主妇们对社运的深刻反思

虽然反美牛和瘦肉精的行动结果看似失败,不过主妇们并不泄气:"社会运动本来就不可能一帆风顺,至少我们通过民众力量的展现,让社会看见为食品安全把关的重要性,也对台湾当局造成压力,让执政者和民众代表都听见民间声音,更严谨施政。"不过,社运老鸟许秀娇也认为,主妇联盟合作社在社会运动的动能还不够:"希望社员在经济层面的参与外,还能多一点社会层面的参与。"她也提到,部分社员对参与社会运动持反对意见,认为太激进、政治化,但合作社都会尽量沟通:"主妇联盟本是以社会运动起家,先关心环保,才为了生活实践而推动共同购买。"

许秀娇回想,主妇们打从一开始就以街头为战场:"当年主妇联盟刚成立,就上街反麦当劳。那时刚解严,妈妈们要站出来抗议这种跨国企业,真的要有相当的勇气。"陈曼丽也强调,主妇联盟合作社的共同购买初衷,就是环保运动的延伸,支持善待环境的产品。这与邻近的日韩姊妹会是基于价格便宜或自身安全而开始共同购买,起心动念相当不同。陈来红更直言:

"全球找不到一个合作社的出发点这么的'绿'。"

陈曼丽谈起当年取名"主妇联盟"的过程:"主妇二字,有人觉得听起来档次不够高,但我们就是要翻转主妇在社会上的形象,展现主妇的智慧和能力。"20多年来,她们也确实不辱使命。主妇们的社会运动,强调从生活出发论述,随时随地与大众对话,不是泼妇骂街,也不是婆妈啰唆,最终总能赢得社会和官方的尊重。譬如:厨余回收、垃圾分类,都是主妇联盟带头行动起来,最后形成相关政策。"勇于开口、敏于行动、乐于承担",主妇们以行动贯彻理念,只问耕耘,不问收获。但长久坚持,效果自然显现。

陈来红回顾主妇联盟的社会参与历程时说:"主妇们几乎是把社会运动当成 part-time 的工作。"她还延伸,政治也可视为一种共同购买:"我们缴了税金,就是政治的消费者,就是要购买良质的代理人。"所以,谁能置身事外、不谈政治?

"女性的角色是多重的,是妈妈、是太太,也是女儿,所以社会上发生的事情都跟你有关。"吕美鸢认为,当原本沉默温顺的主妇们挺身而出,与行政机关抗衡,一年一年地翻转,慢慢地,真的见证到民主素养的改变,带动更多人意识到自己有表达意见的权利。

随着外界对于主妇联盟的社会期待愈来愈深,主妇联盟合作社的责任也愈来愈重:"我们的使命不是只关怀六万个社员家庭。"吕美鸢对合作社有着更深的期许。

"社会参与很重要,不能沦落到只谈食物。"黄利利也重申合作社"通过消费力量改变社会"的精神:社会运动、产品、照顾弱势,三者必须并重,利己利他。

从产品事件共学,落实自主管理

"今天,单纯地做个消费者显然已经不够,要想在混沌中抓住自己,就必须化为生活者。"这是横田克巳在《我是生活者——创造另一种可能性》书中所说的一段话。1992年,翁秀绫和日文志工所翻译的这本书出版,为主妇联盟的先驱们带来无数启发。对照今日社会,封面上的这句话依旧熠熠散发着智慧光辉。

通过共同购买,全面检讨自己的生活,挣脱既存秩序与被强制的价值观,主动而踏实地成为一个"生活者"。20世纪80年代这股在日本合作社风起云涌的浪潮,在今日中国台湾的主妇联盟合作社持续发酵成长着。因此,主妇联盟合作社并不是一般的有机商店,社员也并非一般的消费者,合作社、社员与生产者休戚与共,并集结发挥力量让社会更美好。这样的核心宗旨,在食品安全问题频仍、社员人数迅速增长的当下,更须彰显强调,反复思量。

主妇们捍卫食品安全的决心,对外与对内都是一贯的坚持。细细检视历年来社内产品事件的处理,或可提供当今台湾社会崩坏的食品安全体制一帖药方。

以2013年的毒淀粉事件为例,新闻一出,主妇联盟合作社立即全面清查使用淀粉的产品,并将有嫌疑者立即下架、进行送检。名记豆花也在卫生局检查时,主动提供原料地瓜粉送检。合作社自主送检的结果,在冷冻乌龙面、豆花凝固剂、红心粉圆、鲜肉汤圆、豉汁排骨五个品类中,检出化学物质顺丁烯二酸。名记和通路主妇联盟、里仁因而登上媒体头条,一时社会舆论沸沸扬扬。

时任理事主席的黄淑德随即声明"不怪厂商",并召开记者会据实以告,呼吁主管部门追究上游,根本治理。对社内,也因明确掌握社员购买信息,马上通知买到问题产品的社员进行退费。接下来持续与生产者共同面对问题,鼓励且协助名记寻找合格的纯质淀粉,并计划未来也对产品中的淀粉原料更加谨慎管控。"有哪个企业或店家像主妇联盟,即便有检验报告,仍把自家产品彻查送检再次确保?发现有问题,还敢负责任地告诉你总共买到几包、要退你钱?这已经超越我对台湾地区任何企业的期待,所以我的信任不曾改变!"社员陈信宏在事件发生时热烈响应,"真的要花时间去认识了解,才有资格说我信任!"

事件落幕后,产品重新恢复供应时,不只豆花改用台湾本地纯正地瓜粉,红心粉圆也变成了白粉圆,"趁这个机会把焦糖色素也拿掉,避免疑虑。"在产品部任职十多年的施宏升说,主妇联盟合作社检验产品从不只看表面,而是全面延伸。他再举例,2011年的塑化剂风波,社内产品皆安然过关,但合作社仍进一步清查包装材料,发现玻璃瓶的瓶盖内膜有释放出塑化剂的可能,于是将可疑材质全面更换。

每一次的食品安全事件,都是主妇联盟合作社全体共学的最佳时机。

2008年主妇联盟合作社成立了生活材料委员会,希望建构社员参与产品开发和把关的平台,落实自主管理与合作精神。主委姜淑礼说,合作社最初的产品开发把关制度就是在资深社员们手上建立起来的,如今产品品类愈来愈繁多,除了职员的努力，更须加深社员的参与度。

从消费者化身生活者

在食品安全事件中，常见商家把检验报告当作壁纸，张贴在显眼处以博取消费者信任，主管部门也常把检验作为安全判断标准的依据。然而施宏升却认为，寻找可靠的生产者，回归源头管理，才是保障食品安全的不二法门："检验只是前面做了那么多事情之后，最后的成绩单。"譬如主妇联盟合作社为农友共同购买有机肥，就是源头管理的上溯，"有些有机肥来源复杂，可能混入有毒物质。这是农友的共同需要，就由合作社提供安全配方给肥料厂去生产"。

在2013年混油事件中，合作社也以源头把关原则，精简了社内调和油的配方，减少进口原料，以葵花油搭配本地榨取的花生油、苦茶油、芝麻油，增加自主控管的程度。

随着不良业者添加的毒物与手法愈来愈匪夷所思，食品安全问题也愈来愈诡谲难测。ISO、GMP等权威认证已失去光环，检验证明或较高检验成本也无法保障安全。2014年沸沸扬扬的黑心油风波中，主妇联盟合作社的卤肉燥也遭正义饲料油污染，让生产者一德立大叹"道高一尺、魔高一丈""600多项检验都合格，真的败给他"，对社员深深致歉后，痛定思痛，决定回归自炸猪油，并投入开发专属酱料与配料。

"我们只能追求相对安全，无法要求绝对安全。"姜淑礼说，主妇联盟合作社在风暴中学习到，产品的掌控必须从主原料延伸到所有添加物，并将提升指定原料的比例，同时也认知到生

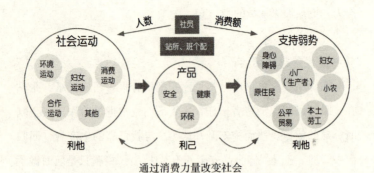

通过消费力量改变社会

产者也有力有未逮的时候,需由合作社提供专业协助。

"我们必须把食品安全知识当作常识,学习去了解生产架构与环节,当一个理性的消费者,而不是一味恐慌。"施宏升比喻,就像停电时,如果你原本就熟悉这个空间,就算没有光也不会慌张。

在生产者与消费者之间建立超越采购关系的生命共同体意识,以深厚的信任一起面对问题、解决问题,才是保障食品安全的对策。主妇联盟合作社更盼望通过组织,让每个被动依存于"商品"的消费者,都能化身为自主掌握"生活材料"的生活者,携手协力,踏实无畏地生活着。

我是人,我拒吃饲料级黄豆
——反转基因运动

2014年10月2日早晨,在台湾地区立法机构会议室里,由非转基因推动联盟主办的"自己的孩子自己救,校园午餐搞'非转基因'"记者会如火如荼地进行着。十位来自全台北中南各地的家长齐聚一堂,在年底选举前夕大声呼吁公职候选人应积极表态支持转基因食品退出校园午餐。

主妇联盟合作社常务理事姜淑礼在会中痛批:"我们连白老鼠都不如!"她强调,让孩子们食用非转基因校园午餐是最最基本的要求。实验室的白老鼠被喂食转基因食品罹病致癌,至少明确知道原因,但台湾人大量食用转基因黄豆,日后若疾病缠身,也不可能向转基因公司控诉求偿。

如此铿锵有力的陈诉,基于主妇联盟长达16年以上,在反转基因运动中的酝酿与耕耘。从1998年绿主张公司(主妇联盟生活消费合作社前身)做出第一块非转基因豆腐时,她们对这个议题的关注就已经从共学讨论化为具体的实践。日后这股能量更集结扩张,从"非转基因农业关心小组"到如今的"非转基因推动联盟",这群共同打拼的伙伴们——主妇联盟生活消费合作社、主妇联盟环境保护基金会、台湾大学农艺系种子研究室和绿色阵线协会,一路携手坚定向前,不曾犹疑退却。

"人吃饲料,有尊严吗?"

每人每年吃下 11 公斤黄豆的台湾,对转基因议题的了解却相当有限,以至于吃下大量饲料等级的转基因黄豆而不自知。名丰豆腐负责人黄孝诚回顾十多年前帮主妇联盟做豆腐:"当时根本连'非转基因'这个名词都没有!"在这名词出现后,又有人误以为:"基因改'良',不是改得比较好吗?"

根据台湾黄豆大进口商统计,台湾民众吃的黄豆有八到九成都是由"总豆"选别而成的"选豆"。这种黄豆几乎都是转基因豆,由散装货轮长途运送,可能施用防虫防菌药剂,质量不新鲜,安全更堪虑。因其主要用途是榨色拉油、榨油后的豆粕则作为饲料,故而被业界俗称为"饲料豆"。非转基因的食品级黄豆,则以多层防潮牛皮纸袋包装,不施药剂且以货柜运送,然而这种等级的黄豆只占台湾人食用黄豆的一到两成。

用"非食品级"黄豆制成"食品",极其吊诡。黄孝诚对此荒谬现象直斥:"人吃饲料,有尊严吗?"在食品安全风暴频仍的今日,他认为且不论转基因与否,"制作食品,就该用做食品的材料去做"。

食品安全,存乎一心。既然明明有食品级的非转基因黄豆,多数豆腐业者却因成本较高不愿采用,长年以饲料级黄豆喂养消费者,这与馊水油事件又有何差异?而消费者也因知识不足,加上贪图便宜的心理,日日让廉价的转基因豆腐豆浆伴随风险入肚。

转基因议题因为夹带科学专业的争议,知识门槛高。且台湾人大量食用饲料级转基因黄豆有错综复杂的历史共业成因，学者、业者多避而不谈，加上有关部门甚至直接宣称转基因作物对人体健康并无风险，因此要宣传推广此议题，其艰难可想而知。为了让民众对于转基因食品的风险多一些认知与省思，主妇联盟多年来锲而不舍地倡议反转基因运动。

国际盟友的串联

已卸任合作社理事主席的黄淑德，在反转基因运动中投入甚深，曾代表中国台湾地区非官方组参加探讨转基因议题的国际会议，也曾与官产学界人士到美国参访转基因作物生产。她回顾主妇联盟首次向大家介绍转基因议题，是在《生活者主张》刊物上，由翁秀绫翻译日本消费者联盟的文章《令人不安的基因操作食品》，文中揭示转基因作物引发的健康风险和生态污染等种种疑虑。

于是，主妇们开始了辛苦的共学历程。由于台湾缺乏资料，大家只能寻找并翻译海外的书面数据和影片。"我们慢慢了解什么是'农杆菌'？什么是'基因枪'？"黄淑德说。尽管要面对大量的艰深学术语汇，大家却没有被吓退，逐渐累积起专业知识基础，并从中谋求倡议的着力点。

"我发现国际上的环保团体，大家不约而同都反转基因，显然，转基因存在一些结构性问题。"黄淑德指出。转基因是全球性议题，亚洲区的关注团体，包括绿色和平组织，以及与中国台湾主妇联盟合作社缔结亚细亚姊妹会的日本生活俱乐部生协与韩国幸福中心生协（原"女性民友会生协"，2013年改名），都是彼此支援的坚实伙伴。

日本、韩国与中国台湾的处境十分相似，黄豆都是民众的传统食物，却大多由海外进口，饲料与谷物的需求也操纵在其他国家和地区手中。转基因食品于是多次成为姊妹会交流的年度议题，2006年姊妹会更做成《反转基因食品决议文》，拉大战线，跨地区携手反对转基因作物。

在中国台湾孤独推动反转基因这冷门议题，黄淑德分外珍视这些盟友们的支持："运动团体的团结，通常就是彼此打气。在议题的扩散，或往前行动的时候，找到一点信心和行动的决心。"日韩姊妹会都有许多经验可供中国台湾借镜，日本生活俱乐部生协贯彻"坚决不使用转基因作物及其加工品所制成的原料"主张已行之有年，详尽追溯所有产品原料与添加物，并积极对民众进行倡导，严格监督政府在转基因作物种植和转基因成分标示上的政策。韩国幸福中心生协则从推动国产牛改采非转基因饲料开始，随后组成全民反对转基因玉米进口联盟，并与食品业界合作宣示"GMO Free"口号。

把焦点转往西方，一向最重视食品安全的欧洲，反转基因运动也沸沸扬扬。譬如：2003年欧洲发起"非转基因农区"宣示运动，获得各方热烈响应，至今仍持续扩大中，法国、希腊、波兰、匈牙利、保加利亚等国更宣示全国不种转基因作物。

台湾目前虽规定禁止种植转基因作物，但过去曾发生转基因木瓜从实验田流出的非法种植事件。非转基因推动联盟认为有必要防患未然，故于2008年开始号召非转基因农区的设立，由主妇联盟合作社的合作伙伴花莲富里银川永续农场打头阵。

主妇联盟合作社在确认稻种、绿肥的原料皆为非转基因之后,在这197公顷的田地上,竖起全台第一面"非转基因农区——我们不种转基因作物"立牌。

2009年,苗栗苑里和台南后壁的农友也相继宣示,全台有共同理念的农友们陆续加入反转基因行列。2011年,非转基因农区运动获得民间组织颁发的"学学奖"公益行动首奖。截至2014年7月,全台已有527个农户,合计887公顷农田宣示挂牌。

摊开中国台湾的非转基因运动大事记,人们会发现其根植本土之余,也密切与世界其他地区同步。除了号召非转基因农区的设立,主妇联盟还举办了电影《牛粪传奇》巡回放映,并邀请片中主角印度学者范达娜·席娃(Vandana Shiva)博士访台。此外,还邀请参与揭发转基因黑幕的《欺骗的种子》一书作者杰弗里·史密斯(Jeffrey M. Smith)来台召开记者会,并呼应全球反孟山都行动(March Against Monsanto)等,人们从这些都可看到主妇联盟站上全球舞台也毫不逊色的运动能量。

超级大丑闻

在网络上搜寻转基因信息,人们很快就会发现一个丰富翔实的中文数据库"GMO面面观"网站。这是由台湾大学农艺系教授郭华仁在2003年设立的,每周汇集翻译全球有关转基因的最新消息,至今已逾11年不辍。

郭华仁是种子学专家,深知转基因种子对环境和健康的危害,且他论理清晰,能以简单易懂的方式为民众诠释深奥的科学理论。他的加入为非转基因推动联盟提供了最坚强的学术后盾。

这些年来，郭华仁不仅站上第一线在全台四处奔走演讲，揭露转基因食品风险、破除转基因公司谎言，并且建言民意代表督促台湾当局，将转基因食品纳入台湾有关食品安全卫生管理的规定，也终于在 2014 年获得初步成果。郭华仁认为，转基因科技就像核能科技一样，人类无法完全控制。转基因食品对人体健康的危害并非短期可见，但若因此轻忽管理，未来将可能引爆食品界的核灾。

中国台湾人吃转基因黄豆的怪象，被郭华仁批评为"超级大丑闻"。日本特别进口非转基因食品级黄豆供豆制品专用，祖国大陆人只吃国产大豆（非转基因）而进口转基因豆仅供榨油和制作饲料，生产地美国和巴西更是没有食用黄豆习惯，中国台湾人简直就像是无偿在帮转基因公司做人体临床试验。

郭华仁更担心转基因作物的农药残留问题。以最普遍的转基因黄豆品种为例，转基因技术的关键是在黄豆基因中植入一段抗除草剂嘉磷塞（Glyphosate）的基因，让黄豆植株能够抵御除草剂，因而农民可肆无忌惮地大面积喷洒除草剂，杂草均枯死而黄豆仍屹立不倒。虽然农场可以节省大量的人工成本，但农药用量却必然提升，残留量当然远高于天然黄豆。

喝豆浆也喝下年年春

嘉磷塞也就是台湾俗称的"年年春"，是普遍常用的除草剂。多数台湾民众想必不知道，每天早上喝的豆浆竟可能含有年年春的成分，也不知这转基因豆是农药公司发明的。随着杂草抗药性出现，除草剂用量有逐年增加的趋势。经媒体披露，台湾卫生福利事务主管部门所制定进口黄豆的年年春残留量标准，竟然高达 10ppm，是毛豆 0.2ppm 的 50 倍！台湾毛豆是外销日本的绿金，与黄豆实为同种作物，台湾当局为何却有双重标准，实在令人费解。

2013 年 10 月民意代表林淑芬揭发，台湾每年进口 230 万吨的黄豆，官方却从未检验过嘉磷塞残留量！记者会上，郭华仁出示海外学者的动物实验研究报告，食用嘉磷塞与转基因作物的老鼠，一年后产生肿瘤，脑下垂体和肝肾也发生病变。

对转基因作物的讨论愈来愈常登上媒体版面，吸引许多民众留心。这场饮食革命费时虽长，影响力却有如滚雪球愈滚愈大。标榜非转基因黄豆产品的店家在这一两年迅速增长，进口商也反映非转基因黄豆的销量增长一倍！显而易见，民众的消费力量，已足以撼动看似积重难返的产业结构。

郭华仁坦言，刚开始推广非转基因时，真的看不出什么效果，幸好主妇联盟发挥动员的力量，串联消费与生产两端，以"不种、不买、不卖"原则多管齐下，号召农友不种转基因作物、招募志工解说员向消费者推广理念、联合业者店家共同抵制转基因产品。主妇联盟还有一系列的"搞非转基因"行动计划，包括培训课程、读书会、参访活动和论坛，实实在在深化了众人对这个议题的认识与参与。

非转基因推动联盟对台湾当局也不放松，多次呼吁台湾卫生福利事务主管部门应落实转基因成分的标示，除了有包装的食品之外，散装的豆腐、豆浆才是民生消费大宗，更须标示清楚，维护消费者知情选择权。更重要的是，"榨油饲料用豆和食品用豆应该在源头就要分流"。郭华仁深切希望，有一天台湾能够成为真正的非转基因地区。

校园午餐：妈妈们的超强"战豆力"

转基因议题不仅是食品安全问题，更牵涉到环境正义。以孟山都为首的跨国转基因公司在世界各地的恶行劣迹，包括打压发表转基因疑虑论文的学者、运用政商关系使政府放宽转基因作物管理、滥用农药致使居民罹患各种疾病并破坏生态、大肆收购农田导致农民颠沛流离、因种子专利控告无辜小农……其罄竹难书的种种作为，已招致全球抗议声浪风起云涌，愈演愈烈。

2013年5月，一位美国妈妈卡诺（Tami Monroe Canal）发起反孟山都行动，获得全球436个城市及地区热烈响应，台湾也未缺席。第二年，此行动再度登场，主妇联盟环境保护基金会主动串联台湾北中南举办游行，高举"我们支持非转基因""拒当转基因白老鼠"旗帜，喊出"转基因归零，亲子双赢"口号。台中分会执行秘书许心欣在活动宣讲时表示："妈妈就是最大的消费力量，若在购买时有所坚持，就能把力量传递出去。"

现场的小儿科医师林信荣以医界专业角度分析，转基因作物问世不到30年，就一般医学研究的审核标准而言，尚未达到一个世代以上，目前的资料无法完全确认其安全性，也未能被国际医界公认。林信荣强调："现代儿童和青少年常因为暴露于太多环境激素中，而有性早熟问题。特别是转基因黄豆，他们应该尽量避免食用。"这也就是主妇联盟一再强调转基因食品必须退出校园午餐的原因。

就在这场游行前两周，非转基因推动联盟正式将矛头对准校园午餐，召开"校园午餐要营养，不要饲料"记者会。根据统计，小学午餐有三分之一是豆制品，团膳业者为降低成本，几乎都使用转基因黄豆。

令人振奋的是，2013年6月，台湾教育事务主管部门便发函全台教育事务主管机关指示各级学校校园午餐避免使用转基因食品。9月，高雄市民意机构更为此召开公听会，此为台湾首次在官方层级讨论转基因作物和校园午餐问题。会后也有七成学校回报会重视，并且改采购非转基因黄豆制品。

这一波由民众团体、官方部门、民意代表、学校与家长之间有效率的沟通协力，在短期内改善了校园团膳的困境，有如一剂强心针。时任基金会秘书长的黄嘉琳期许，高雄市开风气之先，希望能再逐步扩张到全台各县市，让转基因作物食品全面退出校园。

此外，还有多位合作社社员以一己之力，在各地学校为孩子的午餐而奋斗。基隆社员张明丽就为此竞选小学的家长会会长，勠力推动校园午餐改采非转基因黄豆，并且和一群热心妈妈们摆摊义卖筹得经费，终于成功达阵。2014年，她更以政治素人之姿，代表绿党投入基隆市民意代表选举，希望从改变政

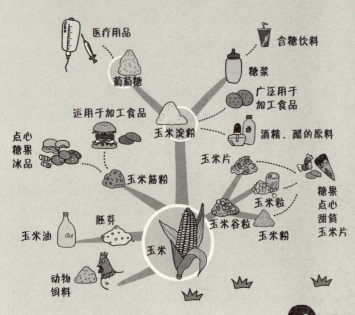

策起，为社会大众的食品安全把关。

2014年底的"九合一选举"中，非转基因运动长久以来播下的种子，终于遍地开花。非转基因推动联盟在选前呼吁候选人签署《校园午餐使用非转基因食材承诺书》，台湾北中南各地志工自动自发投入，亲自到竞选总部递承诺书，锲而不舍地向候选人进言与游说，并以脸书粉丝页公布进程。短短两个月内，获得166位候选人签字，包括重量级的六大都市市长候选人。如当选者能信守承诺，往后台北市、台中、台南、高雄、桃园、新竹、嘉义……这些县市的孩子，就可免于在午餐中吃到转基因食物。没有资金，也没有实体文宣，非转基因联盟伙伴们用民众力量打了一场空前胜仗，更为政治人物们上了一课。而这股力量，也将持续严格监督未来的地方首长和民意代表们。

结合产品开发，守护农粮自主

主妇联盟也进一步提出校园午餐尽可能使用本土黄豆，这个提议首先获得高雄市农业局的重视，开始评估推动支持本地黄豆的食育示范计划，同时呼应近年台湾当局鼓励粮食作物复耕的政策，一举两得。

支持本地粮食作物、守护粮食主权的理念，早在官方部门有所行动之前，主妇联盟合作社已耕耘良久。反转基因运动的浪潮，其实是近年本土农业复兴运动的一环。进口粮食的不安全，更凸显出台湾粮食自主的重要性。唯有民众认知到这一点并以消费支持，才能改变过分依赖进口粮食的现状，挽救岌岌可危、仅剩三成的台湾粮食自给率。

2011年，喜愿行负责人施明煌在推动本土小麦种植的同时，再组成"大豆特工队"，鼓励农友们复耕本土大豆。老战友主妇联盟合作社义无反顾鼎力相助，并将运动理念结合产品开发，除了供应本土黄豆与黑豆的原豆之外，还与名丰合作制造出台湾第一瓶本土黑豆浆，同时以黑豆沙为内馅的中秋月饼也应运而生。主妇联盟合作社发起黑豆浆和月饼共同购买集结行动，获得社员热烈响应。而一瓶结合本土小麦、黄豆与黑豆酿成的"喜愿白酱油"，更可谓是本土粮食作物复耕的精华浓缩汁。自然甘醇的好滋味，唤回台湾曾经丰富多元的粮食地景。

2014年4月起，主妇联盟合作社挑战具有更高难度的"家禽饲料配方使用本土产品计划"，希望逐步扭转台湾畜牧养殖业的动物饲料多为转基因作物的现状。"支持本土农业是好事，我非常认同。"生产者江森负责人江振德毅然加入这项有意义的计划，与饲料厂合作克服技术上的重重困难。首批在饲料中加入本土玉米来喂养的"黄金鸡"，已在2014年7月顺利通过验收，主妇联盟未来将继续往打造台湾第一条非转基因饲料生产线的目标迈进。

看守餐桌、照顾土地，就是在保护我们的环境，保护我们的地球。回顾主妇联盟合作社这场长达16年的"战豆史"，战场从餐桌、工厂到学校、街头，就是为了捍卫食品安全与粮食主权，也展现女性运动的独特韧性和多角度经营议题的实力。非转基因推动联盟的组成，更展现合作的价值，也结合跨组织的专业性发挥坚实强大的力量。

粮食中兴,掌握粮食主权
——自己的小麦自己种

"当你走在一条未知的道路,只知方向,不知途径,这时候有一个人陪着你走,意义重大。你会不容易跌倒,也不会走得太快,步伐更坚定稳重。"喜愿行负责人施明煌,从2007年开始麦田狂想的旅程,从一公顷的小麦契作率先撑起大旗,成功地点燃本土粮食复兴运动的火苗。

当外界给喜愿如雷掌声,施明煌却很清楚,他不是孤军奋斗。因为这一路上,有主妇联盟合作社始终相伴同行。

喜愿与合作社的结缘很早。1999年4月,施明煌与一群身心受限的朋友共创喜愿面包坊。同年8月,台中的绿色生活共同购买中心(主妇联盟合作社台中分社前身)就成为喜愿面包的第一个团体订户。施明煌对当时的中心主任谢丽芬至今感念:"我印象最深的是,当产品出了问题,譬如面包发霉,一般合作对象一定是直接扣款,但是丽芬会第一时间跑来关心你,听你解释,共同解决问题,而非责难。"他回想说:"当时我就知道,未来喜愿和合作社的关系一定会很紧密。"

因此,当施明煌萌发"自己种小麦来做面包"的疯狂念头时,合作社二话不说,全力以赴地支持。2007年,物价波动剧烈,小麦、玉米、黄豆等大宗谷物涨幅前所未见。施明煌警觉到过分依赖进口原物料的危险,于是找到台中大雅员林村村长张文炎协力契作小麦。从撒种、施肥、收成,到烘干、筛选、研磨,他将小麦生产加工过程做成详细记录,以无畏的实验精神,探索本土小麦除了制酒以外的无限可能。

理事黄淑德指出,合作社共同购买运动的原则之一,就是"本地产优先"。通过餐桌到产地的追溯,在寻找每样安心食物供应者的历程中,落实"本地生产,本地消费"的理念。

因为台湾人饮食日渐西化,面粉与稻米的食用量差距已逐年拉近。根据台湾农业事务主管部门最新的统计数据,台湾人每人每年吃稻米45公斤,相当于一天不到两碗饭,而面粉每人每年的食用量为36公斤,这种"米面双主食"的形态已持续多年。WTO开放之后,台湾稻米面临生产过剩的窘境,百分之百靠进口的小麦却需求日增,致使台湾的粮食自给率节节下降。

为恢复本土农粮自主,主妇联盟合作社一方面设法扩大本土米的应用,譬如:米汉堡、米面包与纯酿米酒的供应,以及有机稻米的共同购买;另一方面也努力推广本土粮食生产,从最初与朴子农会契作甜玉米、黑豆、绿豆、薏仁,请部落供应原生种小米和薏仁,到小麦与大豆的复耕,都是以消费支持本地生产,提升粮食自给率的具体实践。

揪人壮胆,环岛种小麦

喜愿刚开始投入小麦契作时,根本没有人看好,还曾被农政单位泼冷水说"台湾根本不适合种小麦"。不过,刺激反而是动力,施明煌认为,"实践就是最好的批判",所以积极寻找志同道合的农友,从台湾头到台湾尾,从西岸到东岸,"疯狂的事,要有更多伙伴来壮胆"。也就是这样的傻子憨胆,吸引了不少农友加入阵容。

2010年,喜愿完成了环岛种植小麦的梦想,合作农友遍布苗栗、台中、彰化、台南、高雄、台东、花莲、宜兰,且全面采用善待环境的种植方式,不用农药、化肥与除草剂,也不捕鸟(鸟害是种小麦最头痛的问题),更有多位农友挑战有机认证。

其实台湾早在被日本侵略的时期就曾大面积种植小麦,达5000多公顷。20世纪50年代,因战后政府鼓励种植粮食作物以解决粮食问题,台湾小麦栽培面积更达到上万公顷,直到60年代开放小麦进口后,小麦种植面积才迅速下滑。至今,许多农友都有过在麦田里玩耍的童年记忆,证实那段遍野麦芒摇曳的时光并不遥远。喜愿的努力,不仅将泛黄的记忆种了回来,"台湾不适合种小麦"的说法也不攻自破。

尤其在风头水尾的西南部乡镇,最适合粗放的小麦生长。譬如:彰化沿海地区,土地贫瘠、风势猛烈,对种稻来说是劣地,但种起小麦却欣欣向荣。又如嘉义东石,因地层下陷、土地盐化指数高,小麦竟也长得头好苗壮。小麦对土地活化的价值,由此可见一斑。

不过,喜愿合作农友的小麦之路绝非一帆风顺。播种期遇雨而根本无法播种者有之,干旱无雨导致收成不佳者有之。在小麦扬花灌浆的关键期,被小鸟揪团啄食整碗端走的事,也不幸遇上过。凡此种种,都是对农友信心与毅力的严峻考验。苑里农友就曾经遭遇严重鸟害,小麦几乎全军覆没。有一回,农友吴文雄对施明煌说:"我没胆了耶!"施明煌道:"你吓到了喔?"吴文雄顽皮地说:"我手术把胆拿掉了啦!"施明煌大笑道:"那你没胆再种了?"吴文雄又妙答:"我甲天借胆!"农民们的乐天哲学与情义相挺,带给施明煌无数感动与启发,这也是他坚持下去的最大力量。

不遗余力投入产品开发

好不容易盼到了麦子成熟,采收、筛选烘干与后续加工的难题又接踵而来。由于台湾不种小麦已久,从生产到销售早已断链,如今必须重新接续,甚至从头再来,每个环节都举步维艰。

虽然水稻的收割机可以和小麦共享,但是拥有收割机的代耕业者不见得愿意帮忙收小麦,尤其收小麦时正值水稻整地插秧的忙碌档期。烘干也有问题,烘小麦不如烘稻米好赚钱,业者更担心小麦夹杂物过多会对机器造成损伤。

磨粉更是一大关卡。最初收成量少,施明煌买了小型磨粉机,勉强还可以应付。随着小麦栽培面积逐年扩增,寻找专业面粉厂协助成了当务之急。2010年,由主妇联盟合作社引介社内原本的面粉生产者洽发,帮喜愿磨制全麦粉。随后的产品开发,合作社更是无所不用其极地动用所有资源,为得来不易的本土小麦找寻出路。"喜愿是合作社落实'参与式生产'很好的例子。"企划部张雅云说。

主妇联盟合作社合作的烘焙业者阿南达、玛诺兰迦、素麦轩,以及做饼皮的餐御宴,纷纷加入后援部队,在产品中添加一定比例的本土全麦粉。虽然本土小麦具有新鲜的优势和浓郁香气，但筋性却不如进口小麦，所以烘焙时较"不发"，各家业者都得花功夫重新调整。福义轩也配合开发麦香苏打饼干，打样打了四次才成功，做出来的成品较为扁平、口感偏硬，幸而扎实口感和独特香气反博得社员青睐。

2011年，喜愿推出名为"白海豚"的中筋面粉，百分之百本土小麦粉制成的面条接着诞生，可谓台湾粮食复耕运动的里程碑。施明煌说："这包面条，就像推广粮食自给的快讯商品广告。"主妇联盟合作社立即在与喜愿共同举办的"谷动同乐会"上推出"大面神礼盒"预购，其内容包括面条、面茶、全麦粉，因担心全麦面条口感较粗糙，还细心搭配拌面酱料。结果获得与会者热烈响应，在还不见产品实物的情形下，竟也集结共同购买了700盒。

随着喜愿扩张，购入新设备，资金需求愈来愈大，当时的产品部专员陈信苓体贴地主动询问施明煌要不要跟合作社贷款。"结果，借钱也成为一种维系情感的方式，引起很大的关心，让大家更想促成这件事。"施明煌也始料未及。本土小麦就在这样的群策群力之下，慢慢地苏活了过来。台湾民众这才发觉，原来我们也有自己的小麦，吃面食也能尝到这片土地的味道，更能够支持农粮自主。

种出多元地景、多元能力

在喜愿的带动下，这几年来，台湾本岛的小麦种植面积从原本不到100公顷，跃升到500多公顷。2011年，喜愿再成立"大豆特工队"，针对同样需求量高却依赖进口的大豆进行复耕，一方面借由开发豆麦结合的产品来缓和本土小麦的销售压力，同时也拓展多元粮食作物种植的愿景。

大豆营养丰富，应用甚广，健康饮食风尚也鼓吹以豆代肉，但台湾人所吃的，却大多是海外饲料级转基因黄豆，只有少数是食品级黄豆，而本地产的黄豆与黑豆几乎绝迹。本土产黄豆与黑豆的复耕，不仅可为台湾人提供安全的食用大豆，对土地也好处多多。施明煌解说，水稻、大豆与小麦的轮作是绝妙组合，"禾本科和豆科的病虫害本来就完全不同，加上水旱轮作的环境剧变，更大大降低病虫害的发生"。此外，大豆优秀的固氮能力还能为土地增添养分，让后续的稻麦都更为丰产。而在水资源宝贵、气候变迁剧烈的今日，恢复小麦与大豆等旱作，更是别具意义。

"粮食作物复兴要让整个岛屿的种植活起来，多元种植，才有多元能力。"施明煌批评以往独尊稻作的农业过度依赖机械，长久下来会使农民丧失耕作能力，并使农业走向农企业。而多种粮食作物复耕，则可让农民保持学习态度，重新培植智慧与专业，"这样农民才不会变农奴"。

在农友们胼手胝足劳作下，其貌不扬的友善本土产大豆，一包包出现在主妇联盟合作社的货架上。为了增加社员对本土产大豆的利用率，合作社再度央请资深生产者名丰开发出一种前所未见的"本土黑豆浆"。它登场首月就销出3800多瓶，纯正浓醇的台湾味，在社员餐桌上唤醒每个家庭的粮食安全意识。

民间的冲劲儿证明了多种粮食作物复耕的可能与希望，这不仅引起了社会重视，进而也影响了相关部门的政策。台湾农业事务主管部门终于在 2013 年做出重大变革：休耕补助从两期改为一期，将复耕小麦、大豆和玉米等粮食作物纳入奖励，辅导农民让荒地重获新生。

农民看见世界，也被世界看见

寒冷的冬日，万物萧索，却是小麦蓬勃生长的季节。喜愿农友们每年都在此时集合坐上环岛巴士，展开"好农壮游"的共学交流，一站一站参观各地麦田。而主妇联盟合作社也总是相伴出游，带回第一手的现场报道。

对农友来说，离开田地好几天并非易事，更何况他们觉得长途坐车比种田还累。不过，能够认识各地志同道合的"同学"，却是务农生涯中少有的宝贵体验，其间也发生许多有趣的故事。有一回壮游，花莲玉里的农友曾国旗到苗栗苑里时，跟农友李信武要了一株麦子。李信武不解，曾国旗说："我要带回去给玉里的小麦看，要它们向苑里的小麦看齐，要长得一样高！"

"农友们以前都是默默做事，自己埋头苦干，不曾看见彼此。"理事主席许秀娇曾全程参与好农壮游，感受到农友交流分享的重要，她说："彼此熟悉之后，农友们之后遇到问题就会互相联络，不论是技术切磋，或是互吐苦水，都是非常温暖的力量。"开始种其他粮食作物之后，农民的视野开阔了，他们的身影也被社会看见了。即使不太赚钱，农友们却感受到自身务农价值的提升。

原本老农的生活有如寂寥冬日，但播下麦种后，萧条的土地摇身成为绿油油的麦田，又充满了生命力。收成时的一片金黄麦穗，博得社会大众的惊喜关注，更点亮了老农的生活。"这个价值，哪能用钱买得到？"施明煌备觉欣慰。

多种粮食作物复耕与友善种植的浪潮，也吸引更多年轻人返乡归农，断裂的生产链逐一衔接，为凋敝农村带来内需与契机。农乡自觉的发酵，印证了学者专家倡言的"有机粮食救民论"。

在支持喜愿的过程中，主妇联盟合作社充分发挥社会角色，为农友、消费者、小型加工者营造出可以安定生计、安心生活的互惠平台，同时解决农业问题、消费问题和中小企业的生存问题，通过互助互信的伙伴关系，创造出迥异于当今资本主义市场的另类市场机制。合作力量大，能让死去的麦子复活，也将不可能化为可能。

捍卫土地正义,主妇入阵去
——湾宝农地保卫战

刚入秋,金风拂过青绿稻田,田边屋前的棚架下,洪箱坐在成堆的地瓜中,细心挑选着这一季的收成。一双年幼的小孙子和孙女围着她嬉闹,左一句"奶奶"右一句"奶奶"软嫩地叫着。不多久,爱困的女娃窝进奶奶怀里,而活力旺盛的男孩则不时跑来报告屋后翻墙偷跑的"咕咕"鸡的最新动态。

这一派看似寻常、闲适恬淡的农家风情,对洪箱来说却是历尽艰辛、豁出性命才保住的。这里是苗栗后龙的湾宝,遭遇两次土地征收,都靠当地农民锲而不舍的据理力争,才得以守下良田。

与前几年抗争时"正义女侠"英姿飒爽的模样相比,如今的洪箱,脸上平添了许多风霜。2013年初,她的先生张木村溘逝,更令她憔悴不少。现在的洪箱宛如海明威《老人与海》中与鲨鱼搏斗,最后精疲力竭拖回大鱼骨头的老渔夫。

遥想十年前,主妇联盟合作社刊物《绿主张》中《一场仍在进行的有机实验》文末,张木村的一番心里话:"我对我小儿子讲,希望从这里开创一片天,这些地将来是要留给他的,没有收成也要继续耕耘。……我父亲交给我的地,我不愿意让这片地到我手上结束。"

没有收成,也要继续耕耘。由这句话,可见张木村对这片土地的用情之深,也可想见,为何当横征暴敛如鲨鱼来袭,他们夫妇会倾全力拼搏抵抗。

"其实,丈夫对做农比我更有兴趣。"洪箱娓娓说起十多年前与主妇联盟合作社缘分的缔结,让张木村夫妇从此放弃惯行农法,朝有机之路迈进,逐渐找回了土地的元气,也更坚定爱乡护土的信念。

筚路蓝缕西瓜泪

苗栗后龙地区本是旱地沙丘,自清朝末年先民垦殖以来,种出令人自豪的三宝:西瓜、花生、地瓜,而湾宝尤以西瓜驰名。"我们这里每一个人,还不会吃饭就开始吃西瓜。"张木村曾这样形容湾宝人与西瓜的亲密关系。

2002年,湾宝向台湾文化建设事务主管部门申请了营造"有机生态村"的计划,希望主妇联盟合作社能作为陪伴团体,于是找上了当时的理事谢丽芬。谢丽芬也是苗栗人,本着回馈家乡的初衷,并希望能让社员吃到安全的西瓜,便义不容辞地投入到对湾宝农友的辅导,合作社与湾宝绵长深挚的情谊由此展开。

谢丽芬本身学农,先生倪正柱是中兴大学园艺教授,于是,他们找来多位农业改良场的专家和大学教授来到湾宝开课,自土壤改良到营养管理,将有机栽培的全套观念与实务,倾囊相授。对湾宝这个偏僻小农村来说,如此阵容强大的专家来讲课,可是开天辟地头一遭。农友们上了有机课,虽然惊呼:"我们古早就是这样做!"却也仍然怀疑:"不用农药,可能吗?"

最后，只有六位农友愿意尝试以有机方式种西瓜。

有了专家顾问团压阵，农友们以苦土石灰平衡过酸的土壤，自制有机堆肥，遭遇红蜘蛛危害也忍住不喷药，彻底扭转原本的耕种模式。就在其他村民们都不看好的形势下，这批西瓜很争气，藤蔓与叶子都长得更旺盛，甚至比频繁喷药的邻田长得更好！

但就在采收前，天公不作美，滂沱大雨浇熄了农友们的喜悦。连续两周泡水，导致西瓜严重"水伤"（瓜肉软化透明，类似过熟）。这样的西瓜送到主妇联盟合作社站所，社员们的抱怨接踵而来，甚至有人当着谢丽芬的面大骂西瓜又贵又烂，订单也急速下滑。

不谅解，源自产地到餐桌的距离太遥远，社员看不到农友转型过程的努力。谢丽芬吞下委屈，默默承担了下来。她更在意的是对农友的亏欠，在会刊中写下内心的忧愁和矛盾："我不知道我有没有勇气请他们明年再种？他们本想作为乡里爱护环境的先锋者，是否会铩羽而归？"

风波后，愿意继续帮主妇联盟合作社种西瓜的农友只剩下两个，张木村与吴樱男。虽然出师不利，张木村却很坦然地说："农民本来就是看天吃饭，我们已经种出了无农药残留的西瓜，这就是最大的收获。"

张木村随后将有机栽培继续延伸到其他农作物，芋头、地瓜、花生……他心中存着这样的盼望："我现在这样做，是为父亲的地找到出路，如果可以有所成，也可以让家乡有点出路。"

擂战鼓，共赴征途

湾宝与主妇联盟合作社的联结就这样维系了下来。对农友来说，虽然耕作变辛苦了，却无须再烦恼销售问题："以前卖给贩仔，一直杀价一直杀价，一斤八块、五块、三块，嗨！揪气耶！"洪箱曾多次在公开场合说："务农一辈子，直到把农作物交给主妇联盟之后，才感受到种田是有尊严的。"从此，他们不需再看盘商脸色。

合作社也举办生产者之旅，带领社员来到湾宝拜访农友，接触土地。每年6月湾宝社区举办的"西瓜文化节"，成为社员们踊跃参加的盛事。生产者和消费者，从此过着幸福快乐的日子……直到2008年。

"官方实在太欺负农民了，从来都没问过我们，怎么可以有一天就忽然要来征收土地，这可是我们世代生长的土地耶！"洪箱闻讯怒火中烧。2008年，苗栗县政府为开发后龙科技园区，预计征收后龙镇362公顷土地，有六成属于特定农业区。县政府号称已获得八成居民同意，但被征收的居民却气愤地表示根本不知情！

张木村与洪箱的土地是第二次被征收了。他们做梦也没想到在1996年好不容易挡下竹科四期之后，残酷的命运竟然再次照面。最初，张木村觉得这次没希望了，但是洪箱不甘心，担任社区发展协会理事长的她，当仁不让地率领被征收土地的居民组成自救会，拉开抗议的横幅，踏上小虾米对抗大鲸鱼的漫漫征途。

合作社产品部得知信息后，告知《绿主张》主编张雅云，她随即撰写《明年还能种西瓜吗？湾宝的农地保卫战》一文，引起社员广泛关注。合作社内部也迅速做出决定，全力支持湾宝抗争。

一路近距离观察湾宝事件的张雅云表示："其实合作社以前上街头都是跟着基金会走，但这次湾宝是我们的生产者，意义独特，可以说是合作社首次自发性的街头运动，有消费自主意识地为土地站出来。"试想，如果没有农地，主妇联盟要买什么？土地是一切的根本。

湾宝和合作社多年来共同深耕，感情深厚不是假。此后，每回湾宝农民北上陈情，合作社必定找来理监事、社员、职员同往声援，几乎无役不予。

不过，要上街头，首当其冲的问题却是，主妇联盟合作社从未准备过抗议道具！于是大家发挥日常信手拈来的主妇巧思：社里的桌巾翻个面，就变身为抗议布条（后来发现很沉重），翻箱倒柜找出的牛皮纸袋，写上大字，套在手上就成了抗议标语（还可回收再利用）。

不论烈日或大雨，主妇联盟总是与湾宝农民站在一起，高声呐喊："我要西瓜，不要开发！""我要农地，不要科技！"合作社理监事们并数度在台湾内政事务主管部门会议中列席发言，炮火隆隆地与官员们唇枪舌剑。当时的理事主席陈秀枝（后改名陈岫之）曾在会中慷慨陈词，主妇联盟好不容易找到这样愿意友善耕作的农友，社员也愿意用合理价格来支持农友的生计，官方却短视重利，一味离弃农业发展工业，"当粮食危机到来，请问我们要吃汽车？还是计算机？"

还有一回，陈秀枝在会议上感叹，为何要让农民拿锄头的手来拿麦克风讲话。随后她哽咽着唱了一首歌："母亲是山，母亲是海，母亲是河，母亲的名叫台湾；母亲是良知，母亲是正义，母亲是你我的春天……"当日与会的潘翰声在脸书写下现场实况："后面轮到发言的徐世荣老师，拿着熬夜准备的书面稿，却讲不出话来，只有叹息。整场强忍眼泪的声音此起彼落，我不敢回头看一排摄影机，却看到一位官员，因为身份不能落泪，但那个表情已经是心里感动得哭到稀里哗啦。……因为你无法和一首歌辩论。"

上凯道，主妇今夜不回家

苗栗县政府声称，湾宝的农地是劣地，产值低不适合耕作。农民听到这话最是火冒三丈。才不多久以前的历史，1976年，湾宝居民配合农地重划政策，自愿捐地修筑农路、水路，又自费载运黏土来改善原本的砂质土壤，费尽心力才造就如今的肥沃良田。县长也曾多次把湾宝西瓜节当作政绩宣传，如今却自打嘴巴。

因此，农民每次北上抗争必定大费周章，带上成堆的农产品，地瓜、萝卜、芋头……甚至小麦，还有各式各样农家自制的菜头粿、粽子、红龟等点心，为的就是呈现湾宝是多么富饶的农乡，反驳当权者的睁眼说瞎话。而活动过后，农民也总是无私地将农产品分送给现场众人，让大家都能品尝到农村的美味与热情。

洪箱的大儿子说过一段发人深省的话:"农业就像水,有价值没价格。工业像钻石,有价格,却不一定必要。人可以没有钻石,却依旧活得好好的,但是人无法三天不喝水。"农地是无价之宝,然而政客与商人只重有形的产值。

那些年,农地征收泛滥不只发生在湾宝,还有苗栗竹南大埔、彰化二林相思寮、新北土城弹药库……各地自救会也如雨后春笋陆续成立。而人民的这股怒火也终于在2010年7月17日爆发,各地自救会与台湾农村阵线、主妇联盟生活消费合作社、台湾人权促进会、台湾生态学会等团体共同串联,发起"台湾人民挺农村,七一七凯道守夜行动",怒吼"还我土地正义,圈地恶法立即停止"。

来自全台各地的农民与环境团体,齐聚台湾当局领导人办公室前的凯达格兰大道上。公共电视记者郭志荣写道:"群体之中,特别让人注目的是主妇联盟的加入。""当主妇联盟的'台湾主妇站出来'大字布条现身广场,意味着一个始终带着母亲般关怀、照顾家庭健康的组织,从默默守护转向积极行动。一旦主妇们、母亲们决心对抗,无疑是人间最坚实的力量。"当天主妇联盟主动到场的队伍有60多人,除了社员和职员外,合作社的生产者也来相挺,包括同样是农友的陈碧郎、喜愿行的施明煌、生产冰糖的达益老板汤正川等人。湾宝农友看到这么多朋友前来助阵,格外感动。

沸腾的一夜过去了。第二天清晨,洪箱为刚睡醒的伙伴们发送早餐,张木村则兴奋地拿着报纸给朋友看:"我们上头版了!"当时旁观着这一幕的台湾农村阵线发言人蔡培慧,眼眶泛红了。张木村在抗争初期，原本郁郁寡欢，"但看到这次得到社会这么大的关注，他真的很开心，这代表他过去一直以土地为重，要把家乡守住的精神是被大众认可的"。蔡培慧认为，农民对土地的坚持终于被社会正视，主妇联盟的投入功不可没。

历时三年，高达12次的抗议陈情之后，2011年4月14日，台湾内政事务主管部门终于决议：驳回后龙科技园区农地变更案。"当场内传出驳回的消息时，在场外守候的众人竟没有欢呼，而是一片诡异的静默。"张雅云回忆起那一刻，仿佛世界凝结，随后，大伙仿佛才回过神，纷纷无声地流下泪来。

这个由血泪写就，欢呼不出的"成功"，不过是争回了原本就属于他们的东西，不过是回归"农地农用"的天经地义的事。农民价值的彰显、民众意识的觉醒，更是这场运动的重要成就。

身土不二，不是说说而已

洪箱回顾这一路主妇联盟的相伴："我们被征收，他们可以跟别人买啊，但是却这样帮助我们，出钱又出力。对于合作社，有种说不出来的感觉，就像自己的兄弟姊妹。"在抗争过程当中，主妇联盟合作社除了充分陪伴，不让农民觉得孤单，还建立了一个让农民发声的渠道，不断用各种方式让都市里的民众知道湾宝农民的努力，认识到守护农地是每个人的责任。主妇联盟的加入，更是要让为政者知道，支持这场抗争的，除了环保团体和学者，还有广大的消费者——拥有选票的人民。

"主妇联盟的支持不是拍拍肩膀，帮忙开个记者会而已。"熟悉社运团体运作的蔡培慧观察，"他们的支持是有时间脉络的，非常厚实的，尽可能在他们所能做的范围内做多样化的投入，这是最令我敬佩的地方。"

蔡培慧也提及主妇联盟参与社会运动的一大特点："在运动现场，主妇联盟总能从个人经验出发来谈议题，通过妈妈们的分享，让更多的人意识到这个议题跟我们的衣食住行育乐有关，而不只是停留在硬派的论述。"她认为，就是这样的务实态度，才能有持续的影响力。

农业之于一国，就像主妇之于一家。想象一个没有主妇的家，就能想象没有农业的国。"农民和我们不只是生产者和消费者的关系，而是共同体。没有农，何以为生？"创社理事主席陈来红直言。"身土不二"是主妇联盟重要的信念，合作社当然有责任与农民共同捍卫家园。她认为在湾宝事件中，合作社充分展现主体性，提出完整有力又生活化的行动方案，是共同购买力量创造与延伸的极佳展现。

"今日的农地安全，明日的粮食安全。"主妇联盟合作社在保卫湾宝学到这一课，从此也对土地征收议题更加敏感与关心。后续在苗栗竹南大埔反征收事件中，合作社便推出以本土粮食制成的中秋月饼礼盒，为大埔居民募款。主妇联盟集合菜篮的力量，发扬守护粮仓与土地正义的精神。

抢救西瓜节

合作社经历最热血的一次社运后，依旧持续对湾宝关心及与其互动。守住了农地，大家又想起欢欢喜喜的西瓜节了。2012年，正当大伙儿盼着6月吃西瓜，湾宝社区却又传来"今年办或不办"的犹疑。

原来西瓜节最初是由县政府补助,但自从居民为反征收开始抗争之后,县政府就不再提拨任何经费了。所以,之后每年西瓜节的经费都是居民到处筹措,不够的就自掏腰包。活动中的所有餐点、西瓜,都是社区免费提供,光是餐费就相当可观,更遑论义务帮忙的社区妈妈们备餐的辛苦。每年来这么一回,大家着实有些吃不消。

合作社知悉后,决定与湾宝协力举办,延续这可贵的地方节庆活动,也尝试多元形态的支持方式。"瓜瓞绵绵重返湾宝游乐会"于是热闹登场,土地音乐会、农友市集、农情开讲……游乐会中,大家也一起唱歌追思牵成合作社与湾宝缘分的谢丽芬,并邀请丽芬的父母亲到场,以共同的力量安慰两位老人家。

2013年1月,张木村猝逝,洪箱哀痛,无心再办西瓜节。然而,连续办了十几年的西瓜节如果就此停办,让人惋惜,合作社社员们也简直把西瓜节视若一年一度回娘家的仪式。最后,由主妇联盟合作社接手策划,办了一个小而美的迷你西瓜节说唱会,关心湾宝的朋友们都来了,场面温馨愉快。与一路相挺的伙伴们重聚,洪箱也展露笑颜,还开了个小玩笑:"大家彼此会认识,说起来很不幸,但也是因为农村出事情,大家才会在一起。"

守住土地之后

土地守住了,然后呢?如何恢复农业生产,从事友善耕作,重塑农村价值,让环境健康永续发展,才是更长远的革命目标。

放眼世界，少有地方像中国台湾一样，有补助休耕的政策，放任土地荒芜的农民还有钱可拿。此举不但离间了农民与土地的情感，更方便资本家和政客巧取豪夺。

为了不让土地再被觊觎，湾宝农民觉醒，不能休耕。洪箱号召亲朋邻里们，组成了共耕队，十人共耕十几公顷地，重现农家"交工"美好传统。洪箱笑称："我们是一群老弱残兵。"她的想法是，把村里比较需要帮忙的中高龄农民叫进来，解决缺工问题，也让从都市返乡的年轻人有个工作，不至于孤立无援。共耕队成员之一的里长谢修镒，很肯定这样的工作模式："以前各做各的，自己一个人很无聊。现在大家一起做，比较不会累啦。"

联合国宣示 2014 年为"国际家庭农业年"，鼓励各地政府拟订方案，支持小规模的家庭式农业生产，重申"小农"对于粮食安全、生物多样性、环境永续发展、在地经济与文化传承等各方面的重要性。台湾地区农民绝大多数正是这种以家庭为生产单位的小农，而且比世界各地的小农更小，平均每户农地面积只有一公顷上下。规模小、成本高，一向被农政单位视为台湾农业停滞不前的因素，因为生产力无法与大型农企业竞争。但台湾大学农艺系教授郭华仁戳破这迷思，他认为产值不能只看单一作物，小农的精耕模式，除了主作物之外还能做多样化的生产，总产出其实更胜大农。

家庭农业更具有产能之外难以衡量的价值。蔡培慧强调，小农的生产方式不仅能巩固粮食自给，还有利于消费者对于健康饮食的追求，并维系农业中的土地伦理、人与环境之间"道法自然"的思维,这些都是农业永续发展的关键因素。

湾宝共耕队就是家庭农业发挥力量的具体示范,集合村里家户之力,胼手胝足,一起以友善方式照顾土地,并维持数家温饱。而主妇联盟合作社也集合众多家庭之力,建立城乡互信,替这些为社会大众生产食物、看顾土地的农友提供长远而坚实的支持,也形成合作经济的良性循环。

这才是真正的"农村再生"。张木村心中"为家乡找到出路"的愿望,正在一步一个脚印地实现。

愿景篇

用消费改变世界……

一个人，力量也许单薄，

一群人，集结消费力，发挥社会力，

珍爱环境资源，支持本土农业，

实践绿色生活，确保农地的存在，

也确保台湾粮食自主与自给的能力。

用合作的力量、消费的力量，

共同改造社会！

用消费改变世界
——从共同购买到合作找幸福

合作社？最先让人联想到的，可能是学生时代最爱的元气补给站，每到下课时间，学生们在那里购买各种零食饮料抚慰苦涩的心灵；也可能是巷口，柜台小姐笑脸迎人，像银行，却又不称之为银行的第一或第十信用合作社。为什么明明像银行，却不叫银行？为什么称为"合作社"？合作社究竟是什么？主妇联盟生活消费合作社又是啥？跟一般企业或组织有什么不同？

近几年，中国台湾地区新兴了一个很流行的名词与概念——社会企业（Social Enterprise），也就是以商业模式来解决某一种社会或环境问题的组织，例如为弱势群体创造就业机会、生产或提供负有社会责任或能促进环境保护的产品或服务、采购弱势群体生产或制作的产品等，不一定是非营利组织形态，可以有营收与盈余。但其存在目的并不是要为出资人或所有者谋取最大利益，其盈余主要是用来投资社会企业本身，持续解决社会或环境问题。

不只在中国台湾，近年来，社会企业在全球蔚为风潮，俨然是一股新的公民自觉与自发运动，不但转变了传统非营利组织的思维，还跨越了社会与企业的界限，甚至改变了政府的公共政策。2006 年，孟加拉国的穆罕默德·尤努斯（Muhammad Yunus）

所创设的银行,以微型信贷模式提供穷人小额贷款,不仅提高贫穷线下挣扎求生同胞的生存与创业能力,也大幅降低了他们向高利贷借款所产生的恶性循环与负担,因而,尤努斯和他的银行也获得了诺贝尔和平奖。这就是社会企业的最佳典范。

事实上,社会企业在英、美、南亚等国家和地区已行之有年,也已被证明是一种可扩张且永续经营的商业模式,对于公益组织的财务自主性也具有极佳的帮助。在社会企业中,社会公益与企业利益,不再是没有交集的并行线。而社会企业发展至今,关注的范围涵盖各式各样社会议题,包括水资源、气候变迁、教育问题、儿童福利、居住环境……愈来愈多的社会创业家正以创新的商业模式改善社会,改变世界!

互助合作的实践行动:合作社的诞生

事实上,追溯"合作社"的源起与定义,我们就会发现"合作社"可以说就是最早出现,或者说是古典版的"社会企业"。

所谓的"合作社",国际合作社联盟(International Cooperative Alliance,简称ICA)对其的定义是:合作社是基于共同所有及民主管理的企业体,也就是为了满足共同的经济、社会、文化需求与愿望,一群人自愿结合的自治团体。简单来说,合作社就是实践互助合作的法人企业。

合作社思想与合作社运动(co-operative movement)起源于19世纪后半期资本主义盛行期的欧洲。19世纪中叶,位于英格兰西北边的重要工业大城曼彻斯特附近一个名为罗虚代尔(Rochdale)的小镇,纺织工业发达,大多数镇民依赖纺织工厂维持生计。但在工业资本家和商业资本家的双重剥削下，日夜辛勤工作的纺织工人所获得的实际工资却少得可怜，得不到合理报偿，生活十分艰难。

为了改善生活条件，1843年，罗虚代尔的13名纺织工人发起筹建合作社，起草了合作社章程。1844年8月，他们决定成立罗虚代尔公平先锋社（Rochdale Equitable Pioneer Society），参与的28名纺织工人每人以一英镑股金，共集资了28英镑；8月11日举行成立大会，通过章程，正式成立了公平先锋社。

公平先锋社不仅是人类历史上第一个成功的合作社组织，还有对世界合作社运动贡献很大的著名的"罗虚代尔原则"，其内容包括入社自愿、退社自由、民主管理、公平交易……这些原则，开创了合作社发展的新时代，也成为后来国际合作社联盟制定合作社章程的基础原则。

兄弟般的经济合作运动：重视人，更甚于金钱价值

合作社社员之间、社员与合作社之间，彼此互助合作、休戚与共，共同分担风险，也共享利益与幸福，可以说，合作社超越经济范畴，涵盖了精神与物质的生活领域。

相对于历史上许多由伟大思想家所发起的社会运动，合作社运动是由众多平民老百姓从真实生活出发，以互助合作的方式，解决共同的经济、社会困境与难题。所以说，合作社虽然也是企业，却不以营利为目的，既要谋求社员的利益，也必须关怀社会公益。世界知名的日本作家与社会运动家贺川丰彦称合作社运动为"兄弟般的经济合作运动"，可见，合作社重视人的价值更甚于金钱的价值。

因为追求并奉行这样的价值与理想，一百多年来，起源于欧洲社会的合作社，至今已扩展至世界各国各领域。依据国际合作社联盟于2013年的统计，全世界合作社社员共计有7.3亿多人，另外，多达20亿人，占全世界人口的三分之一，直接、间接与合作社具有密切关系。

生活共同体运动：共同购买催生的主妇联盟生活消费合作社

早在社会企业、公平贸易……这些概念或名词还未被提出之际，合作事业就已经是为了矫正资本主义过度扩张、贫富悬殊而兴起的社会主义型公民事业。合作社发展演进已超过150年，至今仍保持其一贯性，因为都共同信守并实践了国际合作社联盟（ICA）所制定的七大原则。

在台湾，一般人所熟知或听闻的合作事业，除了过去的军公教合作社、信用合作社，以及各种产业合作社之外，农会、渔会，则是日本侵略台湾地区时期建立的农民、渔民合作经济体。国民党来台执政后，为了掌握地方势力，积极介入农会、渔会，数十年来，其已成为地方选举派系瓜分的黑金运作体，已大大脱离了合作事业的基本原则，尤其是丧失了社员主体性。

第二次世界大战后，全世界各种思潮风起云涌，台湾却因为数十年军事戒严，思想、信息被严重钳制而封闭，社会民众缺乏对合作社普世价值及基本原则的了解。当局也禁止人民集会游行或结社，过时的合作社有关规定更是推动合作事业、发展经济民主的最大障碍。1987年，台湾终于结束长达38年的戒严。同年,"主妇联盟"以女性志工团的形式,开始积极参与社会议题,1989年正式成立了主妇联盟环境保护基金会。

这是一个以女性成员为主体,有着独特志工组织文化和理念坚持的非政府组织(NGO),不仅关心台湾环保议题,也与其他国家和地区的团体经常有互动往来。1991年,基金会旗下的消费质量委员会代表翁秀绫、陈秀惠等人,前往香港参加国际消费者联盟(IOCU)第十届大会,首次认识了日本生活俱乐部生协,返台后,随即展开交流,生活俱乐部提供相关书籍和组织文件供研读。

1992年,翁秀绫和一群日文志工翻译日本生活俱乐部生协的《我是生活者》《从329瓶牛奶开始——新社会运动25年》,这些书成为她们当时最重要的参考依据。

同年,翁秀绫组了志工团到日本参访生活俱乐部生协的合作社(Seikatsu Club Consumer's Co-op Union)运作、堆肥、二手店等活动。是巧合,也是时机成熟,这一年地球日,有出版社推出了《我们共同的未来》(*Our Common Future*)中文版,更扩大了这群志工对于环境和消费趋势等议题的视野。

此外,致力推动合作事业的孙炳焱老师所修订的《公元2000年的合作社》(*Co-operation in the Year 2000*),是1980年国际合作联盟在莫斯科召开第20届大会时,由合作理论与实务兼备的学者与实行家亚历山大·赖罗(Alexander F. Laidlaw,1908—1980)所提出的一份报告书。这份报告书从当时的角度,建议21世纪时,合作组织应就食物、就业、物资流通及社区四大问题优先发挥功能。这群主妇们,左手《我是生活者》,右手

《公元2000年的合作社》，通过无数次的读书会、讨论会，在似懂非懂之间摸索着，热切地筹划了一个企图结合"环境"与"消费"可能性的绿色生活消费行动。

1993年，以"共同购买运动"为号召的这项绿色生活消费行动于焉开展，试图让都市人的食物需求与农村生产直接对接，与此同时，她们也向合作事业主管机关请教设立合作社的可能性。共同购买的创始人们，首先于永和设立台北县潭墘社区合作社，主妇联盟回归小社区，建构人与人的供求关系。

为了筹集资金以建构实体物流及持续经营，1994年开始，这群主妇们以共同购买为行动轴心，先后成立了台北县理货劳动合作社、绿主张股份有限公司，以及台中"绿色生活小铺"，摸索如何独立经营非营利且具运动性格的绿色事业，而这些事业体的出资人、核心参与者、支持的消费者，大多来自主妇联盟基金会的积极志工。

从1996年到2001年，主妇联盟基金会成了"绿主张共同购买中心"及台中"绿色生活共同购买中心"公义形象的保证，也是许多行动要求与议题的产生地点。不到十年，2001年6月，以1799名发起社员为基础，全地区性台湾主妇联盟生活消费合作社成立，这是以环境守护、节制消费，以及支持可持续发展农业为要求的新形态消费合作社（NPO），打破台湾原本多为学校及机关消费合作社的惯例，为台湾的合作事业开创，甚至示范了另一种可能与典范。

合作社成立以来，发展迅速，2014年集结的消费力已超过11亿元，2014年11月社员人数已超过58000人，经营47处社区店铺（称为站所）。此外，每周服务约360个社区配送班。同时，合作社对于垃圾分类、反核要求、反转基因、提高农粮自给、蔬菜减硝酸盐运动、教育改革等公共议题的倡议也不遗余力，搭配共同购买行动，追求安全生活，打造更多人每天都能参与的绿色行动。

绿色消费的应然与实然：基金会与合作社

因在台湾无前例可循或借镜，主妇联盟合作社在组织与经营方面，只能靠着对《公元2000年的合作社》《从329瓶牛奶开始——新社会运动25年》等书的领悟来壮胆并摸索，加上因主妇联盟基金会而联结的许多社运团体、友好学者与朋友，让这群主妇们"做中学、错中学"，不断尝试并修正，坚持努力突破困境。

一群又一群"另类"主妇及她们的另一半，从读书会、演讲、"吃的自力救济营"及会议开始，不计心力、时间地投入，将环境理想的"应该、应然"铺陈为满足日常生活需求的"实践、实然"。因为这群女性的团结精神（solidarity）、环境运动的理想，已从被视为"异议分子"般的"反动"异类，拓展成为现今动辄万人的认同与支持。

二十几年来，推广有机农业、制造不漂白再生卫生纸、厨余做堆肥、利用废油再生肥皂、开发低毒性清洁剂……都是主妇联盟基金会与合作社（及前身绿主张公司）共同努力的结果，也让充满抽象思考、深具批判性的环保运动要求与精神，通过具体而持续的经济行为，成为真实生活的内涵与行动。

无可讳言，一般的环保团体，吸引的通常是利他的小众，而选择加入合作社，大多数人则是着眼于利己的动机，尤其在价值与价格的争辩上，最常反映出利他与利己观点的落差。已经习惯了市场经济价格与品牌包装的消费者，初加入合作社时，通常必须经过很长一段价值调适期，因为除了已被资本主义市场经济所驯养的积习，在某种程度上，也因为在台湾，社会民众对于合作事业的认知普遍不足。

作为一个主妇联盟基金会般的倡议团体，可以设定高道德尺度与高度理想性的鲜明要求，但是，作为实践端的主妇联盟合作社，则必须有许多循序渐进与妥协，并且，时常还会有不易被理解或接受的状况存在。

在合作社组织的民主落实的学习上，十几年来，主妇联盟合作社也不断经历对分层授权的信任不足，以及年度社员代表大会上的议事纷争。种种现象所反映的，其实是台湾社会的女性对于社会参与，大多集中在志工活动，而在事业经营、决策参与、议事规范，以及法规认知上，相对缺乏。甚至，究其根本原因，更在于整体社会对于民众意识与民主认知的程度，都还有很大要努力的空间。

2012年是联合国制定的"国际合作社年"，为因应这主题，中国台湾主妇联盟合作社展开了一连串"让更多人认识合作社"的行动，其中，"合作找幸福"系列讲座，三位历任理事主席接棒演说的五场讲座，意外成了一场薪火相传的美丽盛会。为承续这一美好的传承与分享，2013年，合作社更加有意识地推动"合作找幸福"活动，并以结合各区社员智慧的方式，开设初阶和进阶的理念与实务培训课程,由各地社员主动策划、完全负责执行。

"合作找幸福"讲座想为台湾各地播下更多合作运动的种子,而这种子也逐渐萌芽——2014年底成立的友善书业供给合作社,就是受到这系列演讲启发,进而汇聚全台独立书店所建立的合作事业。

挑战,在共同的未来

近几年来,主妇联盟合作社规模持续扩大,因而也无可避免地衍生了许多管理与沟通上的问题,尤其面临维护社团本质与落实经营绩效,也就是在环境/社会与经济目的双重发展之间,如何保持平衡的两难。人才培育、经验的传承与交接,也是无法回避,必须面对并有效解决的一大课题。

在全球气候及生产环境持续恶化,生产与劳动人力快速老化的社会,如何稳定而有计划性地生产?如何以合理价格供应成分实在的生活用品?如何有效集结因"食的需求"所产生的力量?……这些都是主妇联盟合作社当前面临的严苛挑战,也是无可推卸的责任。

2013年的毒淀粉风波,合作社长期合作的生产者名记豆腐遭曝所使用的豆花原料(地瓜粉)含有顺丁烯二酸。媒体上斗大的标题"检验合格商品,造成社员恐慌",的确也对合作社形象造成影响。随后,合作社也发出《据实以告,20年来不变的共同购买精神——顺丁烯二酸事件说明》,向所有社员报告事情的原委与处理方式。

"资讯透明、诚实告知、共同解决"是共同购买运动到主妇联盟生活消费合作社成立,一直不变的坚持,这也正是社员愿意相信合作社的原因。然而,往往在信息透明公开之际,也是部分媒体渲染负面报道合作社的时候。所以,合作社必须更努力地在变动的信息中,尽力做好风险控管,并且在能力所及范围内,执行自发性的检查并彻底将信息公开。

对社员诚实、与生产者协力,是主妇联盟合作社想要示范的负责态度。而每位社员在入社时,也都曾宣读一段:"我愿意本着爱与合作的精神,主张绿色生活从安全的食物开始。通过共同购买的消费力量,保护台湾地区农业、捍卫粮食主权、支持善待环境的生产者及维系地球资源的可持续性。"创造公义、健康、幸福、永续发展的社会,是主妇联盟合作社不变的愿景与追求。

从共同购买运动到主妇联盟合作社,一路走来始终坚信的是:事业的拓展与运动议题要同步开展,才能深化生活民主的理想;当"安全、健康、环保"、地产地销、公平贸易、扶持小农等理念已成为更多团体及社会企业的共同要求,主妇联盟合作社将继续联结其他团体,扶持其他想建立合作事业或社会企业的人,发展健全的劳动者自主事业,创造就业及服务机会;同时活络基层社员组织,扩大"以消费力实践环保"的价值观,一步一步攻克难关,召唤更多的人加入建构丰富多样的合作社群,用心守护所有人共同的未来。

合作社的价值与原则

合作社从150多年前诞生,演进迄今,仍然保持其一贯性、时代性与合理性的组织与经营,就因为有其永远追求的理想,以及必须坚持与遵守的基本价值与原则。由国际合作联盟所制定,全球共通的合作社七大原则。

一、自愿与公开的社员制

参加合作社是欢喜甘愿,只要有利用、愿意负社员责任的,不分种族、性别、政治、社会与宗教,一律平等,均可入社。

二、社员的民主治理

合作社是由社员共同来经营,不是少数人来经营;合作社的未来也是由我们自己共同决定、共同承担,大家都有发言的权利,并通过会议来实现。

三、社员的经济参与——出资与利用

出股金不是社员的权利,而是义务,因为合作社的共同经营是要大家有钱出钱、有力出力。并且按照社员每年消费额的比例,摊还结余给全体社员,这是公平分享的概念。

四、自治与自立

合作社是社员管理的自治与自助组织,与其他组织或政府部门合作、或从外部募集资本时,一定要确保其独立与自治精神。

五、教育、训练与倡导

教育倡导的目的就是让那些不了解合作社的人,通过了解、

认同的过程提高他参与的意愿。当认同变成信仰，大家参与的力量便可众志成城。

六、社间合作

合作社彼此之间经由合作壮大力量，使社员得到最佳服务，并强化合作运动。例如农业合作社通过消费合作社把他的产品销售出去，消费合作社也可以缩短食物里程、稳定取得新鲜的产品，彼此之间就有合作的空间。

七、关怀地区社会

我们每一个决策及行为都要考虑会不会对社区造成不良影响，以经由社员认可的政策，为地区社会的发展而努力，催生公民参与的社会。

数据源：国际合作联盟

后 记

郭准（上海透明度吃货团发起人）

菜篮子革命是拎菜篮子的人革自己的命，食品消费者为了自己和家人的身体健康，让自己的价值观、健康意识、消费行为发生根本性的变革，引起生活从存在到幸福的飞跃。20多年前，中国台湾地区的食品安全问题、环境问题也很严重，一群家庭主妇们从菜篮子出发，与生产者建立互助共好的情谊，就此缔造一场温柔而坚定的生活消费革命。

面对多发的环境污染和食品安全事件，台湾主妇联盟从消费者主体出发，发起共同购买运动。共同购买运动为消费者寻找安全、健康、环保的生活必需品，同时也将集结的消费力转化为改变社会的力量。共同购买不同于团购，团购着眼于量大、方便、便宜，强调以量制价。共同购买这个概念起源于日本，是指生产者和消费者相互提携。所谓"共同购买"，就是集结关心自己、关心环境、关心生产者的消费者，依生活需求，寻找有共同理念的生产者；也通过消费者与生产者的直接对话，协助解决彼此的问题，找回人与人之间的互信。简单地说，共同购买就是找一群人挺一群人，以集结的消费力与合理的价格，向生产者购买安全的产品。

面对持续变动的食品生产与供应环境，在共同购买的过程中，主妇联盟坚持慎重选择合作的生产者，进行合作之前，必须先深入了解生产者的栽种和生产制作理念。此外,主妇联盟一直坚持让消费者直接参与其中,除了举办生产者与消费者的见面交流大会,还带领消费者不定期地到实地考察。通过"产地之旅",消费者对生产环境、生产原料、生产加工过程……都有了清楚的了解,有时还会翻看生产者的账簿,检查有没有购买不合规定农药。通过面对面的交流与沟通,生产者与消费者建立起合作共好的关系。

面对食品安全问题,消费者只批判,或者只是消极抵制,不如人意的现状依旧不会改变。消费者必须起身行动,一个人的声音或许微弱,但是,大家都行动起来,合作的力量就大了。

这几年,上海透明度吃货团一直致力于食品安全问题的研究和解决,对消费者的心理进行深入了解和调查,发现大部分消费者对食品安全问题仅仅是关注,并没有付出实际行动。根据消费者对食品安全问题关注的现状,上海透明度吃货团对其进行了大概的分类。

第一类消费者对食品质量的要求比较低,追求"便宜就好,差一点没关系,吃饱就行"。第二类消费者觉得食品安全风险不大,有侥幸心理。第三类消费者对食品质量有较高要求,对食品安全问题很担心,也很焦虑,但是没有好的解决办法,只有购买知名品牌的产品。第四类消费者不但对食品质量有要求,还对食品的生产过程有要求,甚至有的消费者已进行了类似台湾主妇联盟的产地考察。第五类消费者对食品质量要求最高,自己种植粮食蔬菜,自己生产加工,自给自足。

从以上分类可以看出,消费者对食品安全问题的态度是不同的，采取的行动也是不同的。上海透明度吃货团在调查中发现，很多消费者愿意在房子、车、提包、手表等物品上花费大价钱，有时甚至用超出自身经济条件的购买行为去取得社会认同，用这种"炫耀性消费"给自己带来安全感；但是，对食品、保险、保健、旅游、娱乐等消费不舍得投入，认为这种消费没有价值。其实，身体的健康，才是一个人安全感的核心来源。

面对消费者这样的心态，很多公益组织，如绿色和平组织食品安全项目组、北京有机农夫市集、上海方寸地农艺市集、杭州啄木鸟食品安全中心、深圳蛇口主妇联盟、上海透明度吃货团等，举办各种各样的活动，宣传食品安全对身体健康的重要性。有些公益组织还试图集结消费者力量，来帮助生产者，同时也监督生产者做到产品信息公开透明、生产过程公开透明，确保给消费者提供安全的食品。上海透明度吃货团还在尝试和健康保险公司合作，探索解决食品安全问题的新路径。相信本书的出版会让更多消费者来关注学习台湾主妇联盟的成功经验，更多地投身于解决食品安全问题而监督生产者、与生产者合作的行动中来。

2016 年 3 月